Systèmes de Transport Intelligents (ITS) :
Coopération et Autonomie

Du même auteur

L'intelligence de l'évolution
Les Éditions du Panthéon, Paris, 2017

Gérard Ségarra

Systèmes de Transport Intelligents (ITS) :
Coopération et Autonomie

Les Éditions du Panthéon
12, rue Antoine Bourdelle 75015 Paris
Tél. 01 43 71 14 72
www.editions-pantheon.fr

Illustration couverture : Fotolia
Intricate Fictional City Map - Kentoh

ISBN 978-2-7547-4262-7

TABLE DES MATIÈRES

AVANT-PROPOS

Le développement important et continu des technologies de l'information et des communications (TIC) permet d'intégrer au niveau de tous les éléments constituant un système de transport, quelle que soit la nature de celui-ci (air, mer, terre), des composants électroniques comprenant des fonctions développées grâce à l'intelligence artificielle (IA), dont les êtres humains sont à l'origine.

Il est bien évident qu'en soi, ces composants électroniques restent des machines qui ne feront qu'exécuter des programmes pouvant être plus ou moins sophistiqués, mettant en œuvre des algorithmes déterministes ou non, incluant éventuellement des capacités d'apprentissage plus ou moins profondes (*deep learning*).

Il est donc compréhensible que les comportements de ces systèmes de transport, ainsi que leurs performances, ne dépendent que de la façon, fiable et efficace, dont l'intelligence créatrice humaine développée au niveau de leur conception aura pu être traduite pour atteindre les objectifs initialement ciblés.

La responsabilité au niveau de l'efficacité et des performances de ces systèmes restera donc toujours au niveau de leurs concepteurs et de leurs exploitants. Elle peut cependant être répartie entre plusieurs acteurs en fonction de la distribution de l'intelligence dans les éléments constituant le système. Cette distribution de l'intelligence est rendue possible grâce à une connectivité accrue obtenue au moyen des réseaux locaux ad hoc et de réseaux globaux cellulaires.

Par ailleurs, comme tout système ouvert existant, un système de transport intelligent (STI, ou ITS en anglais) sera sujet à des perturbations internes à celui-ci (ex : défaillances, erreurs résiduelles, etc.) ou externes (ex : cyberattaques, attaques malveillantes, interférences, etc.). Il devra donc développer en permanence une autosurveillance (ou être télésurveillé) afin de maintenir son comportement initial et ses performances à travers des évolutions permettant de réparer les défaillances, corriger les erreurs, accroître ses ressources (de traitement, de stockage, de communication) et contrer les attaques externes exploitant ses faiblesses. Cela constitue ce qui est communément appelé la « sûreté de fonctionnement (SDF) » du système.

L'importance des ITS a augmenté de façon continue avec le développement des performances des TIC et de leurs usages au niveau des systèmes de transport. Cependant, depuis quelques années, cette importance a changé de vitesse avec le développement du véhicule connecté rendu possible à coût raisonnable grâce au déploiement des réseaux cellulaires (2G, 3G, 4G, de deuxième génération, de troisième génération et quatrième génération). La nouvelle génération (5G), en cours de développement, devrait encore accroître ces capacités.

L'avènement prochain des systèmes coopératifs, identifiés en tant que C-ITS en anglais (Cooperative - Intelligent Transport System) et par la suite de la délégation de conduite au véhicule (véhicule automatisé) ne va faire qu'accroître cette importance pour la résolution des grands défis du XXIe siècle, que ce soit en termes de sécurité routière, de gestion du trafic, de protection de l'environnement, de partage de l'espace public ou de support à une mobilité intelligente.

C'est une évolution mondiale et partout les systèmes

de transport intelligents se déploieront avec leur composante coopérative qui est, comme nous pourrons le voir par la suite, un élément essentiel à l'évitement de collision, que ce soit pour aller vers le zéro accident grave sur les routes ou tout simplement vers le « zéro collision » en ce qui concerne le véhicule automatisé qui ne sera rien d'autre qu'un robot devant se déplacer dans un environnement routier très varié et complexe.

Cette évolution nécessite cependant une prise en compte de nombreux changements, que ce soit au niveau technique ou au niveau non technique de l'organisation, de l'économie, de la société et de la législation. Ces changements se feront par étapes successives nécessitant leur anticipation et par le développement de chemins de migration ne perturbant en aucun cas les systèmes opérationnels.

Cela ne sera possible qu'à travers une coopération efficace entre les principaux acteurs concernés, que ceux-ci proviennent des secteurs privés ou des secteurs publics.

L'administration aura un rôle essentiel à jouer au niveau de la vitesse de déploiement de ces systèmes, en particulier à travers la réglementation, comme cela a été le cas en Europe pour l'appel d'urgence ou comme cela devrait être le cas aux États-Unis pour les ITS coopératifs.

Par contre, les besoins et stratégies des différents acteurs impliqués étant différents, il sera nécessaire de trouver des compromis qui constitueront probablement des freins au déploiement de ces systèmes, en particulier s'il n'y a pas une volonté forte des pouvoirs politiques au niveau de leur mise en œuvre. Le respect de la vie privée des usagers est un bon exemple de frein, dans la mesure où l'évitement de collision requiert un suivi en temps réel des trajectoires des véhicules et de leur quantité de mouvements (évolution de leur vitesse compte de tenu de leur masse). Mais soyons sérieux, que représente le respect de la vie privée de l'usager en regard d'une perte de la vie de ce dernier, voire de plusieurs autres usagers impliqués dans un accident mortel ? Pour respecter la vie privée d'un usager, encore faut-il que celui-ci reste en vie.

L'un des principaux éléments dérivés de la stratégie des principaux acteurs concernés sera le modèle de répartition des données et de l'intelligence (capacités de traitement) dans les principaux éléments du système. Par exemple, si notre intelligence artificielle se trouve plutôt distribuée et répartie au niveau des objets de base que sont les véhicules et l'infrastructure routière, le rôle des opérateurs de télécommunications sera minimisé, car les communications se feront plutôt localement, sans nécessiter leur intervention. Par contre, si le modèle du « cloud » se généralisait, on irait vers une plus forte centralisation, créant un besoin important de réseaux globaux ayant de larges bandes passantes (4G, 5G). On voit bien à travers cet exemple que les enjeux en termes de répartition des données et des traitements impacteront les économies des principaux acteurs pouvant être concernés par ces déploiements.

De façon générale, la communication entre machines (objets) et encore plus la coopération entre celles-ci exigeront le développement de normes indispensables à leur interopérabilité. Ces normes devront être strictement respectées et donc les produits les appliquant devront être vérifiés en termes de conformité à celles-ci (certifiés conformes). Lorsque la sécurité routière sera l'un des enjeux de ces normes, il sera alors nécessaire également de mettre en place une certification qui ira au-delà de la conformité aux normes, mais prendra en compte les performances du système. Ces performances reposeront essentiellement sur :

• La précision de positionnement des véhicules faisant partie de l'environnement considéré. Le terme « véhicule » est utilisé ici au sens large et comprend, pour un environnement terrestre, les automobiles, les camions, les transports publics, les motos, les vélos ainsi que les piétons, qui peuvent d'ailleurs être déjà considérés comme des « véhicules autonomes ». Ce positionnement devra atteindre une précision inférieure à 1 mètre en relatif, en ce qui concerne l'évitement de collision, mais sera probablement beaucoup plus contraint en ce qui concerne le guidage des véhicules autonomes (de l'ordre d'une dizaine de centimètres). Ce niveau de précision devrait pouvoir être obtenu par les systèmes GNSS (Global Navigation Satellite System) tel que le système européen Galileo, qui devrait être complètement opérationnel d'ici quelques années (vers 2020) ;

• La réactivité des véhicules lors de la détection fiable d'un risque de collision. Cette réactivité repose bien sûr sur le temps de latence des systèmes de télécommunications utilisés. Un véhicule parcourt une distance d'environ 36 m/seconde à 130 km/heure. Cela signifie que si l'on veut contenir l'erreur de positionnement de celui-ci inférieure à 1 mètre, il est requis d'obtenir des données dynamiques des véhicules dont la fraîcheur est strictement inférieure à environ 28 millisecondes (de bout en bout, c'est-à-dire depuis l'acquisition de la donnée au niveau émetteur jusqu'à son traitement au niveau récepteur) ;

• La sûreté de fonctionnement des systèmes embarqués dans les véhicules ainsi que la fiabilité/qualité des données communiquées par les éléments du système. Au niveau des véhicules, la sûreté de fonctionnement reposera sur la perception de son environnement par chaque véhicule. Cette perception devra être totale et réelle afin d'assurer des prises de décision fiables au niveau de l'évitement de collision. Mais la sûreté de fonctionnement devra également prendre en compte tous types de défaillance du système afin d'être à même de conserver aux occupants des véhicules un maximum de sécurité quel que soit le mode de défaillance. Cela passera par des AMDEC (analyse des modes de défaillance, de leurs effets et criticités), bien connus de l'industrie automobile. La sécurité du système, liée en particulier à sa capacité à résister à des attaques externes (cyberattaques), est également un élément essentiel de la sûreté de fonctionnement et nécessitera des analyses de risques incluant une analyse de la vulnérabilité du système (ex : TVRA – Threat, Vulnerability Risk Analysis).

En conclusion de cette introduction, nous constatons que nous sommes donc confrontés maintenant au déploiement de systèmes de plus en plus complexes, qui évolueront nécessairement, que ce soit avec les technologies, les organisations, les stratégies des acteurs et autres. Ces évolutions devront être, au minimum, synchronisées entre les principaux acteurs agissant sur les éléments du système intégré de façon à maintenir la cohérence de celui-ci. Cela passera donc par une exigence de gouvernance de l'ensemble du système nécessitant une organisation particulière qui devra se développer au minimum au niveau régional (européen en ce qui concerne l'Europe), voire continental, sachant que les mouvements de véhicules n'ont pas réellement de frontières (sauf les limites naturelles séparant les continents ou celles, artificielles, positionnées par les êtres humains).

Il est à noter que, lorsque l'on parle de véhicules automatisés, il faut inclure les véhicules aériens sans pilotes (drones et mini-drones actuels) qui sont les prémices des véhicules volants qui seront utilisés pour les transports de marchandises et de personnes dans les décennies à venir.

1.
SYSTÈMES DE TRANSPORT INTELLIGENTS

1.1. OBJECTIFS

La prolifération des véhicules de tous types conduit à des nuisances qui deviennent insupportables à la vie humaine, tout particulièrement en ce qui concerne les déplacements terrestres. Le nombre de victimes ou d'handicapés résultant des accidents routiers reste inacceptable, même si des efforts considérables ont été effectués aussi bien par les constructeurs de véhicules que par les pouvoirs publics pour réduire ceux-ci. Par exemple, rien qu'en France métropolitaine, il s'agit en 2014 de 3 384 morts et de 73 048 blessés dont 26 635 hospitalisés [Réf. 1]. Le temps passé dans les embouteillages correspond à des pertes importantes au niveau des économies régionales, y compris, bien sûr, à l'échelle européenne. Par exemple, en France, le coût annuel des embouteillages est estimé à plus de 17 milliards d'euros par an [Réf 2].

Les embouteillages impliquant un grand nombre de véhicules thermiques génèrent des niveaux de pollution importants, que ce soit en termes de CO^2 ou de microparticules, en ce qui concerne les véhicules roulant au gasoil.

Par ailleurs, nos espaces sont de plus en plus encombrés de véhicules, en particulier au niveau des villes. C'est l'un des problèmes rencontrés dans les grandes agglomérations, qui doivent trouver un bon équilibre pour répondre à la diversité des besoins des résidents sans pour autant enfermer ceux-ci dans un espace clos limitant aussi bien les échanges commerciaux que culturels. Il s'agit ici de la gestion intelligente de la mobilité en milieu urbain.

En conséquence, les grands défis qui doivent être relevés par les systèmes de transport intelligents sont :

- Le zéro mort et le zéro blessé grave sur les routes. C'est un défi majeur lancé au niveau européen par la Commission européenne et ses États membres pour une réalisation ciblée en 2050. Ce défi peut être relevé, avant même 2050, s'il y a une vraie volonté politique derrière, c'est ce que nous tenterons de démontrer par la suite. Cet objectif pourrait bien sûr être atteint par le déploiement de nouvelles technologies, mais cela impliquera également un changement de mentalité des usagers et une réglementation forte au niveau des systèmes intégrés dans les véhicules. Mais nous reviendrons sur cette question par la suite ;

- La fluidité du trafic au niveau de l'ensemble des environnements routiers (urbain, interurbain, rural, autoroutier, etc.). Ce défi peut être relevé à travers l'optimisation de l'usage des infrastructures de transport existantes. Cela passe par une optimisation de l'usage des infrastructures routières, mais également d'autres équipements, tels que ceux qui existent au niveau des transports publics (bus, trains, trams, métros, etc.). Une autre approche est le développement des moyens de transport dits « softs », c'est-à-dire le vélo, la trottinette, la marche à pieds, etc. Une meilleure utilisation des moyens de transport privés (covoiturage, autopartage) constitue également une partie de la solution ;

- La protection de l'environnement sera principalement réalisée par un usage de nouveaux systèmes de propulsion. Le véhicule électrique et la pile à combustible utilisant l'hydrogène liquide sont des systèmes de propulsion ciblés. Cependant, le déploiement de ces deux nouveaux systèmes implique le déploiement en parallèle d'infrastructures importantes de distribution de l'énergie. Ce ne peut donc pas être une solution à court terme améliorant significativement l'environnement. Par ailleurs, la propulsion électrique impose une quantité importante de batterie pour stocker l'électricité avec deux inconvénients majeurs limitant le déploiement du véhicule électrique :

• Le recyclage des batteries, qui peut entraîner une nouvelle source de pollution chimique ;

• L'autonomie réduite des véhicules nécessitant un réseau de recharge très dense et une perte de temps importante lors de la recharge. Il est également à noter que le déploiement massif des véhicules électriques va accentuer le problème de production d'énergie nécessaire à leur recharge. Il faudra donc gérer convenablement cette nouvelle demande. Cela fait l'objet du nouveau concept de « smart grid », consistant d'une part à profiter des heures creuses pour recharger les batteries de véhicules (ex : la nuit) et d'autre part à permettre une récupération des énergies disponibles au niveau des véhicules qui ne seraient pas utilisés. Cette gestion nécessitera donc le développement d'une intelligence artificielle répartie entre les véhicules électriques et les systèmes de production d'énergie qui devront être alors interconnectés.

En conséquence, les solutions à court terme privilégiées sont des améliorations significatives pour réduire la pollution des moteurs thermiques ainsi que des solutions hybrides combinant énergie thermique (usage en interurbain) et énergie électrique (usage en urbain). Il est cependant à souligner que les systèmes de transport intelligents peuvent également apporter une contribution significative au niveau de la protection de l'environnement en agissant sur les éléments suivants :

• La fluidité du trafic réduira automatiquement les niveaux de pollution locaux ;

• Une conduite douce sans accélérations/décélérations brutales contribuera à réduire la pollution. C'est ce qui est promu aujourd'hui par les constructeurs automobiles au niveau de « l'écoconduite ». Ce type de conduite pourra être généralisé au niveau du véhicule automatisé si celui-ci obtient une perception distante de son environnement, de façon à être capable d'anticiper les besoins de ralentissement ;

• L'arrêt systématique du moteur lorsque le véhicule est immobilisé (stop-start), ce qui est déjà mis en œuvre par de nombreux constructeurs, que ce soit lors des arrêts au niveau des feux de trafic ou dans les embouteillages.

Il est à noter, que toute action réalisée pour réduire la pollution contribue également à réduire la consommation du véhicule, ce qui est bien sûr une bonne chose pour le propriétaire de celui-ci ;

• Un désengorgement des villes en limitant le nombre de véhicules aussi bien circulant qu'en stationnement. C'est ce qui est réalisé en réservant des espaces aux piétons et donc en les interdisant à la circulation automobile. Cette approche est cependant limitée car elle ne doit pas apporter d'autres nuisances liées aux difficultés d'approvisionnement des commerçants aux difficultés d'intervention des services publics en ce qui concerne la propreté des quartiers, la maintenance des voiries et habitations, ou pour les interventions d'urgence. Il ne faut pas non plus simplement déplacer les embouteillages d'un quartier dans un autre (voire en créer là où il n'y en avait pas) ;

• Une mobilité « intelligente » supportant les usagers lors de leurs déplacements tout en répondant aux quatre enjeux principaux identifiés ci-dessus. En particulier, si l'on considère l'usage de l'espace public, il sera important de distribuer l'espace réservé au parking des véhicules de façon raisonnable. Cela peut être fait à travers les deux actions principales suivantes :

• Positionner des parkings capacitaires (souvent,

les parkings P & R sont pleins très rapidement et ne peuvent pas être utilisés), attractifs (à coût raisonnable et protégés au minimum des risques de vol et vandalisme) au niveau des nœuds de transport et dans les endroits stratégiques disponibles d'accès aux villes ;

- Faciliter la transition (réduction des temps de transit et des efforts à réaliser) pour le passage d'un véhicule privé garé sur un parking vers un moyen de transport public et vice-versa. Cela nécessite bien sûr d'avoir des moyens de transport publics ou privés (ex : autopartage, covoiturage) bien dimensionnés avec une fréquence suffisante pour limiter les pertes de temps.

Mais bien sûr, la mobilité intelligente peut également permettre l'atteinte d'autres objectifs supportant les besoins individuels des usagers, mais aussi les besoins communautaires, sociétaux et économiques des organisations locales (villes, agglomérations, département, région, etc.).

1.2. ARCHITECTURE DU SYSTÈME

Un système de transport intelligent peut être représenté de façon générale comme proposé sur la figure 1.2.1.

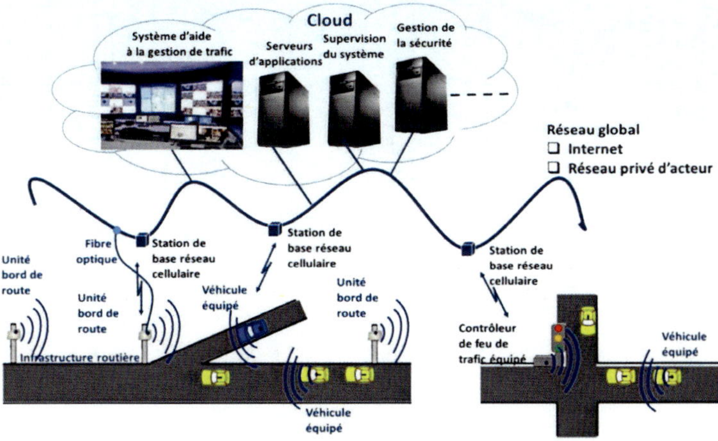

Figure 1.2.1 : Modèle d'implémentation d'un système de transport intelligent. Source : Auteur

Par analogie avec notre organisme humain, il comprendra un ensemble de sous-systèmes interagissant de façon cohérente :

• Un système de fourniture de l'énergie (système respiratoire et digestif) nécessaire à l'alimentation en énergie de ces éléments. Au niveau des véhicules, nous utiliserons bien sûr les batteries électriques disponibles (+ 12 V à court terme, voire + 48 V), alimentées elles-mêmes par des carburants fossiles, de l'hydrogène liquide ou directement rechargées en électricité. Au niveau de l'infrastructure routière, il nous faudra trouver une source d'énergie (ex : cellules solaires) si un point d'accès au réseau électrique 220 V n'est pas disponible à proximité. Au niveau des systèmes centraux, nous pouvons bien sûr espérer disposer de l'énergie électrique 220 V, présente dans tous les bâtiments ;

• Un système de traitement et de stockage de l'information (le cerveau du système). Comme identifié au niveau de l'introduction, le traitement et le stockage de l'information peuvent être répartis selon plusieurs modèles, privilégiant plutôt les objets mobiles (véhicules à moteur, vulnérables, etc.) ou l'infrastructure (système décentralisé) ou au contraire, très centralisé au niveau d'ordinateurs centraux pouvant être distribués plus ou moins au niveau du « cloud ». Au niveau véhicule, son système nerveux sera constitué de tous les capteurs et actionneurs nécessaires, souvent contrôlés par des unités de contrôle électronique (ECU : Electronic Control Unit) ;

• Un système de communication fait également partie du système nerveux et est dérivé bien sûr du modèle de répartition des données et des traitements. Il est cependant fort probable que nous ne pourrons pas nous passer d'un système hybride combinant les communications locales entre objets mobiles/fixes et les communications globales entre ces objets et des serveurs centraux. Le système de communication interne aux véhicules utilise une architecture de BUS (réseau local partagé), de façon à réduire le volume de câblage nécessaire. Le bus actuellement le plus fréquemment utilisé est le bus CAN (Car Area Network). Cependant, de nouveaux réseaux locaux sans fils (ex : Bluetooth ou wi-fi) sont de plus souvent utilisés au niveau des fonctions non-critiques échangeant des informations multimédias (ex : audio, images, vidéo). D'autres bus remplaceront probablement le CAN dans le futur (ex : FlexRay, Ethernet) ;

- Un système de fourniture des services et applications (système digestif, système musculaire, transformant les données en services via les applications) supportant les activités opérationnelles de l'ensemble du système. Les volumes de données traitées, stockées et échangées deviennent de plus en plus importants (big data) ;

- Un système assurant la sécurité du système global (système immunitaire), dont la principale fonction sera la résistance aux attaques externes (cyberattaques) à travers la détection et l'élimination rapide des sources de ces attaques et en particulier des virus. Ces attaques externes peuvent prendre différentes formes et exploiter les vulnérabilités de l'embarqué véhicule à travers ses interfaces exposées (bus internes, connectivité, etc.). L'une des attaques les plus probables est une attaque de type Sybil, consistant pour l'attaquant à se faire passer pour quelqu'un d'autre, voire à prendre de nombreuses fausses identités.

L'ensemble de ces sous-systèmes devra être intégré et cohérent afin de maintenir le système global en vie et en bonne santé, lui permettant de rendre les services attendus.

Un système de transport intelligent est donc, de façon générale, constitué de trois niveaux fonctionnels dans lesquels se trouvera répartie l'intelligence artificielle opérant l'ensemble pour atteindre les objectifs identifiés ci-dessus. Il s'agit :

- Du niveau de l'objet mobile, qui peut être un véhicule ou un objet électronique portable pour les piétons tel qu'un Smartphone, une tablette, une montre, etc. ;

- Du niveau de l'infrastructure de transport principalement composée d'objets fixes et mobiles positionnés en bord de voie (unité bord de route fixe (UBR), unité bord de route mobile, unité bord de route volante (ex : mini-drone), contrôleur de feu de trafic, panneaux à messages variables, radars pédagogiques, éclairage public, etc.) ;

• Du niveau des serveurs qui peuvent être opérés localement (au bord du cloud « Edge ») ou au contraire répartis n'importe où dans le « cloud ». Ces serveurs joueront des rôles différents tels que la gestion du système de sécurité, la supervision opérationnelle du système global (incluant ses reconfigurations), ou la gestion des applications supports aux services clients.

La répartition de l'intelligence artificielle du système conditionnera de façon importante le besoin en réseaux de télécommunications, que ce soit en termes de nature de ceux-ci (réseaux locaux, réseaux globaux) ou en termes de performances (bande passante requise, débits, temps de latence). Certaines applications cibles imposeront certains types de réseaux de télécommunications, comme nous le verrons au niveau des systèmes coopératifs utilisés pour l'évitement de collision.

La centralisation au niveau des serveurs

Pour les services étant rendus à l'usager, qui se trouve dans la plupart des cas au niveau de l'objet mobile (véhicule ou objet portable), le premier scénario à être promu par les fournisseurs de services et les opérateurs de télécommunications a été un scénario très centralisé, permettant le développement de centres de traitement et de stockage de quantité d'informations gigantesques (big data) et entraînant donc un besoin important de télécommunications globales, permettant le déploiement de réseaux terrestres en fibre optique et de réseaux cellulaires à très forte capacité.

C'est le modèle « Internet » qui se trouve étendu maintenant avec le concept de cloud. Ce scénario centralisé n'est pas remis en cause et demeurera, pour un certain nombre d'applications, allant de plus en plus vers le multimédia (combinaison des données, de l'audio, des images et de la vidéo). Il restera prédominant au niveau des objets portables, par contre, il n'est pas bien adapté aux véhicules se déplaçant à grande vitesse au niveau des services offerts aux conducteurs car trop lent, avec des performances trop variables dans le temps pour éviter les accidents ou fournir des données locales en temps réel. Par exemple, les systèmes de type « Coyote » ou « Waze » sont bien adaptés pour fournir une information trafic approximative, mais pas du tout adaptés à la sécurité routière pour fournir de l'information en temps réel précise, en particulier sur les événements inopinés. En fait, la qualité des données communiquées devrait être mesurée en comptant le nombre de faux positifs (signalisation d'un événement qui n'existe pas) et le nombre de faux négatifs (non-signalisation d'un événement qui existe). Cette qualité de service devrait également prendre en compte la précision des données en termes, par exemple, de positionnement de l'événement. Les données fournies volontairement par les usagers de la route (*crowd sourcing*) sont un peu aléatoires et en particulier imprécises, car elles demandent que le conducteur (c'est d'ailleurs un risque supplémentaire pour un conducteur d'avoir à signaler un événement inopiné alors qu'il se trouve lui-même dans une situation délicate lié à cet événement) ou qu'un passager réagisse au bon moment pour signaler un événement et en particulier s'il faut indiquer également la disparition d'un événement signalé.

La décentralisation au niveau de l'objet mobile

L'objectif principal au niveau de la sécurité routière « d'évitement de collision » a favorisé l'introduction des réseaux locaux ad hoc dérivés de la technologie wi-fi.

En effet, l'évitement de collision est un problème local devant être traité de façon critique dans des périodes nettement inférieures à la seconde. Dans ce cas, on voit mal la nécessité, se trouvant en France, d'aller sur un serveur du cloud pouvant être localisé en Chine ou aux États-Unis. L'introduction de ces réseaux locaux ad hoc est la base des systèmes coopératifs qui seront traités en détail dans le chapitre II. Cet objectif a donc conduit à une nouvelle répartition de l'intelligence artificielle au niveau des objets mobiles et tout particulièrement au niveau des objets mobiles se déplaçant à grande vitesse.

L'hybridation au niveau de la décentralisation :

En conséquence, il semble incontournable de développer une approche hybride combinant réseaux locaux ad hoc, actuellement dérivés de wi-fi, avec les réseaux globaux dont l'accès se fera via la technologie cellulaire. C'est la tendance actuelle se développant au niveau des objets mobiles, que ce soit pour les Smartphones ou pour les véhicules. Certains autres réseaux, principalement basés sur la diffusion d'information, tels que les réseaux satellitaires, cohabiteront avec ces technologies (ex : les réseaux GNSS).

À partir du moment où nous avons accès à plusieurs technologies, il devient intéressant d'exploiter celles-ci au mieux pour satisfaire les différents besoins émergents. Afin de permettre le choix de la meilleure technologie localement disponible, une fonction de **gestion des communications** se verra dotée des capacités de sélection de celle-ci en fonction d'un certain nombre de critères tels que :

- Les performances de la technologie en termes de temps de latence, de débit, de capacité à transporter des informations multimédias synchronisées, etc. ;

- La disponibilité au niveau de l'endroit où se trouve l'objet mobile considéré ;
- Le coût d'usage ;
- Etc.

1.3. TECHNOLOGIES ET STANDARDS

Les technologies de traitement de l'information, de stockage de celle-ci et de télécommunication sont très évolutives dans le temps. En conséquence, à un déploiement donné, il sera nécessaire de se fixer sur des niveaux technologiques existants ayant atteint un niveau de maturité suffisant. Par contre, dès que le déploiement d'un certain niveau technologique est démarré, celui-ci durera tant que les objets l'utilisant resteront en vie. On est donc confronté à la notion de cycle de vie de l'objet qui est variable en fonction de sa nature. Par exemple, si l'on considère un Smartphone, on peut estimer que sa durée de vie sera inférieure à 3 ans. Par contre, si l'on considère un véhicule automobile, sa durée de vie sera de l'ordre de 10 à 15 ans en moyenne. La durée de vie d'un réseau de télécommunications donné sera également supérieure à 10 ans, afin d'amortir les investissements initiaux et en particulier les licences d'accès aux bandes de fréquences utilisées, qui se montent à des dizaines de milliards d'euros.

En ce qui concerne les véhicules automobiles ou autres utilisés au niveau des transports, on peut bien sûr dissocier le cycle de vie du véhicule lui-même du cycle de vie de ses composants embarqués, à condition de développer une approche modulaire.

Un composant électronique embarqué sera principalement composé d'un support matériel (*hardware*) réalisant un certain nombre de fonctions génériques et de logiciels pouvant réaliser des fonctions particulières. La gestion de l'évolution des logiciels devient relativement facile dans la mesure où le composant considéré est doté d'une fonction de gestion de la configuration de ce dernier. Dans ce cas, il suffit de télécharger de nouveaux logiciels à travers un réseau de télécommunications sécurisé, afin de mettre à jour les logiciels pendant le cycle de vie du composant. Cela est couramment réalisé au niveau des ordinateurs personnels via Internet ou au niveau des Smartphones.

Bien sûr, la mise à jour à distance de logiciels dans un véhicule présentera d'autres problèmes et d'autres risques qui seront traités par la suite dans ce document.

Le remplacement d'un composant matériel sera plus compliqué car il demandera une intervention manuelle, mais il peut être facilité par les constructeurs automobiles si ceux-ci développent une approche modulaire distinguant clairement les parties relativement stables dans le temps des parties devant évoluer avec les progrès technologiques.

L'utilisation de standards est une obligation au niveau des systèmes de transport intelligents dans la mesure où l'ouverture des marchés implique la capacité de faire communiquer et coopérer des éléments provenant de fournisseurs différents.

Communiquer signifie en premier lieu échanger de l'information dans un but de compréhension commune. Cela implique la définition de structures, syntaxes et sémantiques standards compréhensibles par tous les éléments communicants. Cela implique également le développement de protocoles de communication standards régulant les échanges d'informations sur les réseaux utilisés.

En conséquence, le développement croissant des systèmes de transport intelligents implique de plus en plus le développement de standards (normes) dont l'objectif principal doit être l'interopérabilité des éléments du système. Le CEN (Comité Européen de Normalisation) comme l'ETSI (European Telecommunication Standards Institute), les principaux organismes européens de normalisation couvrant le domaine des ITS en Europe, ont bien perçu, ont bien perçu ce besoin croissant et se sont donc structurés en conséquence.

Il en va de même aux États-Unis, au niveau de l'IEEE et de la SAE. L'ISO, au niveau international, essaie de fédérer ces actions de standardisation (voir figure 1.3.1).

L'ISO TC 204 (Système de transport intelligent, ou ITS en anglais : Intelligent *Transport Systems*) est constitué de divers groupes de travail (WG : *Working Group*) dont les principaux contributeurs au niveau des systèmes de transport coopératifs sont :

- Le TC 204 WG14 (Système de contrôle et d'avertissement des véhicules/chaussées) s'est principalement concentré par le passé sur les systèmes d'aide à la conduite (ADAS) en termes de performance, mais a progressivement évolué vers les systèmes coopératifs en coopération avec l'ETSI TC ITS WG1 ;

- Le TC 204 WG16 s'est intéressé depuis sa création aux diverses technologies réseaux et protocoles de communication. En particulier, ce groupe de travail a repris une architecture appelée CALM (Communication Access for Land Mobile) qui a évolué pour converger vers l'architecture de référence maintenant utilisée de façon générale. Le problème de ce groupe de travail est qu'il est resté très conceptuel sans entrer dans un niveau de spécification permettant l'interopérabilité des éléments de l'architecture proposée ;

- Le TC 204 WG17 (dispositif nomade dans les systèmes des technologies de l'information) se heurte, au niveau des systèmes coopératifs, à la problématique liée à l'intégration des nomades avec les véhicules. Cela entraîne des redondances au niveau du développement de standards, surtout dans le cas où il n'existe pas vraiment de coopération entre les divers groupes de travail impliqués ;

• Le TC 204 WG18 (systèmes coopératifs) a été créé en même temps que le WG16 du CEN TC 278 afin de répondre aux besoins de normalisation exprimés par les pouvoirs publics et en particulier par la Commission européenne et le DOT (Department Of Transportation américain). Ses travaux sont menés plus ou moins conjointement avec ceux du TC 278 WG16.

Le CEN TC 278 est l'équivalent européen de l'ISO TC 204 et traite donc des systèmes de transport intelligents. Il est constitué de nombreux groupes de travail parfois redondants et se trouvant en compétition. Les principaux qui nous intéressent sont :

• Le TC 278 WG16 (ITS Coopératifs) centre ses travaux sur les applications et les messageries associées requises par la gestion du trafic routier. Les principaux standards développés sont :

• Contextual Speed : permet de diffuser de l'information en temps réel sur les limites de vitesse et les vitesses recommandées sur route en fonction du contexte (contexte de trafic, météo, pollution, etc.) ;

• In-vehicle signage : Permet la diffusion d'informations présentées sur les panneaux de signalisation fixes et les panneaux à message variable (PMV). Ces informations peuvent être alors directement présentées aux conducteurs dans leurs véhicules ;

• In-vehicle information : est centré sur les spécifications des messages utilisés par les deux applications ci-dessus identifiées ;

• SPAT & MAP (Signal Phase And Timing et cartographie associée) permet la diffusion des phases des feux de trafic, le décompte des temps restant avant changement de phase et les délimitations cartographiques des zones contrôlées par ces feux.

- Le TC 278 WG15 (eCall) a développé l'appel d'urgence paneuropéen permettant d'accélérer l'intervention des secours d'urgence après un accident. Cette accélération est rendue possible par un déclenchement automatisé ou manuel de l'appel avec la fourniture d'un jeu minimum de données (MSD) contenant entre autres la position GPS du véhicule accidenté ;

- Le TC 278 WG17 a été récemment créé afin de développer les standards ITS nécessaires aux environnements urbains.

L'ETSI est un organisme de normalisation européen privé, initialement constitué par les opérateurs de télécommunications pour développer les normes de télécommunication européennes (Comité 3GPP).

L'industrie automobile, avec le support de la Commission européenne, l'a étendu pour le développement des normes de télécommunication utilisées au niveau des systèmes de transport intelligents par la création du TC ITS, lequel est constitué des groupes de travail suivants :

- L'ETSI TC ITS WG1 (exigences applicatives et services supports) a fourni une contribution importante au niveau de la messagerie utilisée pour les applications de sécurité routière. En particulier, ce groupe de travail a développé les spécifications des messages CAM (Cooperative Awareness Message), DENM (Decentralized Environmental Notification Message) ainsi que les spécifications liées à la LDM (Local Dynamic Map). Les exigences applicatives liées aux applications de sécurité routière ont également été développées (RHS : Road Hazard Signalling, LCRW : Longitudinal Collision Risk Warning et ICRW : Intersection Collision Risk Warning) ;

• L'ETSI TC ITS WG2 (architecture système et gestion transversale) a contribué au développement du modèle de référence d'une station ITS ;

• L'ETSI TC ITS WG3 (transport et réseau) a développé les protocoles de transport BTP et de réseau GeoNet ;

• L'ETSI TC ITS WG4 (accès) a adapté la norme IEEE 802.11p aux besoins européens (profil européen appelé G5). Le WG4 travaille également sur la gestion décentralisée de la congestion des canaux G5 avec les autres groupes de travail (DCC : Distributed Congestion Control). Ce groupe travaille également sur la réduction des risques d'interférence entre les bandes ITS et la bande utilisée en Europe pour le télépéage (CEN DSRC) ;

• L'ETSI TC ITS WG5 (sécurité) a développé les spécifications des algorithmes et protocoles à utiliser pour la gestion de la sécurité du système. Cela inclut la protection de la vie privée des usagers par l'anonymisation des messages diffusés ainsi que la résistance à des attaques externes par la signature et l'authentification des messages standards. Ces spécifications sont dérivées des standards développés aux États-Unis par l'IEEE (IEEE 1609).

Au niveau français, les experts peuvent contribuer aux travaux de normalisation, soit directement au niveau de l'ETSI en payant une contribution financière, soit via une commission de normalisation (CN) nationale rattachée à un bureau de normalisation (ex : BNTRA : bureau de normalisation des transports ou BNA : bureau de normalisation automobile) en ce qui concerne le CEN et l'ISO.

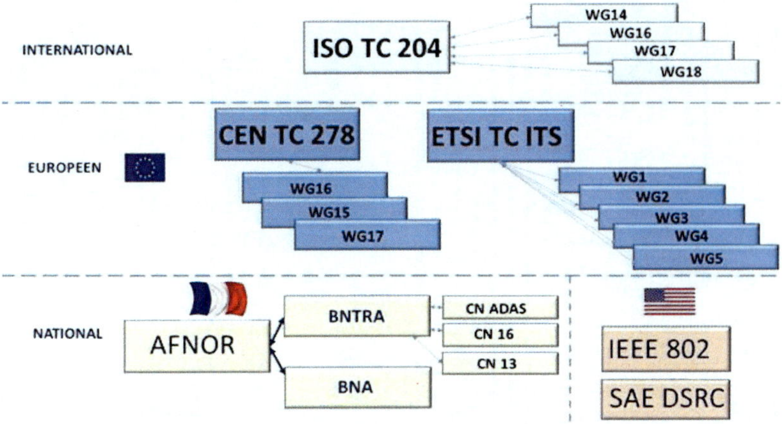

Figure 1.3.1 : Organismes de normalisation et leurs principaux comités impliqués dans les ITS. Source : Auteur

Ces dernières années, un effort particulier a été fait au niveau de la standardisation des systèmes coopératifs suite au mandat M/453 de la Commission européenne attribué au CEN et à l'ETSI pour le développement d'un jeu minimum de standards permettant d'initialiser le déploiement des ITS coopératifs (C-ITS). Ce mandat a été attribué en 2010 et devait aboutir mi-2012, ce qui n'a pas été le cas et a donc conduit à un délai de plusieurs années au niveau du déploiement de ces systèmes en Europe.

La standardisation des systèmes coopératifs a par ailleurs permis le développement d'un modèle de référence conceptuel structurant la station ITS (ITS-S) devant être embarquée au niveau de chaque élément du système de transport intelligent afin de permettre une interopérabilité de celui-ci.

Ce modèle de référence commun à l'ensemble des organismes de standardisation est représenté de façon simplifiée sur la figure 1.3.2. Des variantes de ce modèle sont bien sûr possibles, soit par exemple TCP/IP sur GeoNet.

Quatre types de stations ITS ont été identifiés :

• Les stations ITS intégrées dans les véhicules automobiles et autres (camions, utilitaires, transports publics, motos, drones, etc.) ;

• Les stations ITS intégrées dans les infrastructures routières (unités bord de route, contrôleurs de feux de trafic, panneaux, éclairage public, etc.) ;

• Les stations ITS intégrées dans des objets portables, nomades (Smartphones, montres, vêtements ; etc.). Ces objets peuvent équiper en particulier les piétons et les cyclistes ;

• Les stations ITS intégrées dans des serveurs pouvant être dans des centres de gestion de trafic, des centres de gestion de la mobilité, des serveurs applicatifs ; etc.

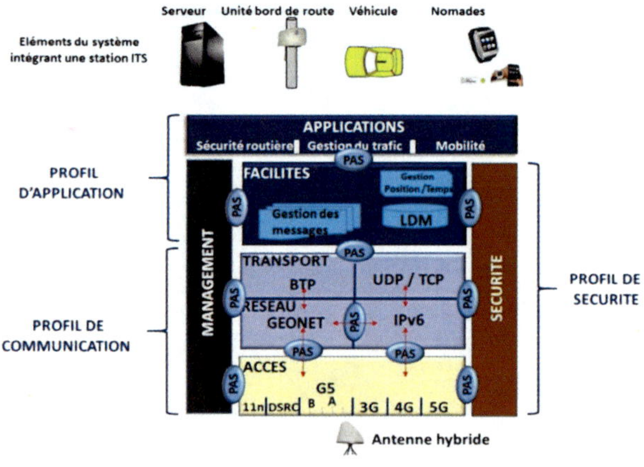

Figure 1.3.2 : Modèle de référence simplifié. Source : Auteur

Le défi principal est l'interopérabilité des différents éléments constituant un système de transport intelligent, sachant que ces éléments peuvent être produits par différents fournisseurs d'horizons divers (industries automobiles, véhicules, infrastructure routière, nomades, etc.) et ont des cycles de vie différents. Il est donc important que les principaux acteurs participant au déploiement de ces systèmes se mettent d'accord sur des profils d'échange regroupant des jeux de standards communs. Un profil d'échange sera constitué :

- D'un profil de communication comprenant au minimum un protocole de niveau transport (ex : BTP ou UDP/TCP), un protocole réseau (ex : GeoNet ou IPv6, sachant que l'on peut également avoir IPv6 sur GeoNet), une technologie d'accès (ex : G5 ou 3G, 4G, etc.) ;

- D'un profil d'application identifiant les standards de messagerie utilisés (ex : CAM, DENM, SPAT, BSM, etc.) associés à leur langage de codage (ex : ASN.1 U PER) ;

- D'un profil de sécurité précisant les protocoles spécifiques et algorithmes utilisés au niveau de la sécurité du système.

Bien sûr, au niveau d'une station ITS, on peut utiliser plusieurs profils d'échange. Par contre, pour des raisons de performance et économiques, on cherchera à minimiser le nombre de technologies et de protocoles utilisés au niveau d'une station ITS.

Un autre challenge important sera de maintenir l'interopérabilité des éléments du système pendant toute la vie de ce dernier et donc de se doter de mécanismes de mise à jour et de migration permettant de répondre à ce défi.

La mise à jour des logiciels peut être exécutée à distance par des reconfigurations permettant le téléchargement via un réseau de télécommunications de nouveaux logiciels ou des mises à jour du logiciel existant. Cela est maintenant réalisé de façon continue au niveau des stations connectées à Internet. Au niveau des systèmes de transport intelligents et en particulier dans le cas d'un véhicule automatisé, toute mise à jour ou chargement de nouveaux logiciels devra être particulièrement sécurisé. Les mises à jour se feront alors que le véhicule ne roule pas. Il faudra également conserver la configuration précédente tant que le bon fonctionnement de la nouvelle configuration n'aura pas été vérifié.

Afin de maintenir l'interopérabilité d'un système de transport intelligent, les mises à jour devront alors être, autant que possible, synchronisées entre les différents acteurs opérant le système.

1.4. ORGANISATION, RÔLES ET RESPONSABILITÉS

Le déploiement d'un système de transport intelligent implique la mise en place de l'organisation qui va gérer le cycle de vie de ce dernier, depuis sa conception jusqu'à son recyclage en passant par sa gestion opérationnelle (voir figure 1.4.1).

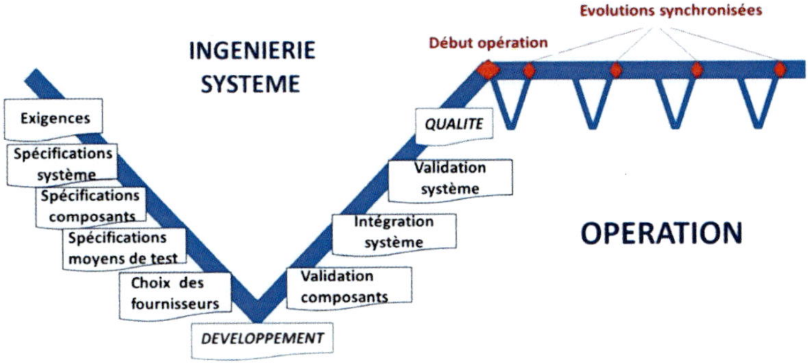

Figure 1.4.1 : Cycle de vie d'un système de transport intelligent. Source : Auteur

Les exigences étant à l'origine de l'ingénierie du système sont fournies par les donneurs d'ordre (maître d'ouvrage) représentant les différents acteurs impliqués. Ces exigences couvrent différents aspects techniques (fonctionnalités, performances, normes à respecter, qualité) et non techniques (économiques, organisations à mettre en place, sécurité et hygiène des chantiers, règlements à respecter, documentation, formation, garanties, maintenance, etc.). Ces exigences donnent lieu à des spécifications du système et de ses éléments. Ces spécifications fonctionnelles et opérationnelles doivent être suffisamment détaillées afin de servir de référence aussi bien pour le développement des produits et services que pour leur validation. Il est également nécessaire, à ce stade, de spécifier les moyens et procédures d'essais à mettre en œuvre pour valider/certifier le système et ses éléments. Les développements peuvent alors être entrepris à partir des spécifications de référence publiées. Ces développements conduiront vraisemblablement à une phase de prototypage, excepté si l'on peut directement trouver sur le marché des éléments standards satisfaisant aux spécifications, sans nécessité d'adaptation.

Si l'on doit passer par une phase de prototypage, il sera alors nécessaire de valider les éléments prototypés du système. Les éléments validés et produits de façon industrielle pourront alors être intégrés dans le système lui-même, qu'il faudra à son tour valider/certifier. Après un contrôle de qualité du système et de ses éléments, ceux-ci pourront alors entrer en phase opérationnelle. Des opérations de maintenance corrective et évolutive devront être effectuées en cours de vie du système, qu'il faudra superviser en continu afin de détecter les besoins de maintenance préventive (en fonction de l'évolution des performances) et curative lors de la découverte de dysfonctionnements liés à des bugs résiduels. Si les éléments du système proviennent de sources différentes, il sera alors nécessaire de synchroniser les évolutions de ceux-ci afin de maintenir l'interopérabilité du système.

1.4.1 L'industrie automobile européenne

On voit bien qu'au niveau des ITS, l'automobile, et de façon plus générale tout véhicule routier, jouera un rôle essentiel. En conséquence, l'industrie de l'automobile au sens large (incluant les véhicules particuliers, les utilitaires, les camions, les transports publics, les véhicules de flottes, les véhicules d'intervention d'urgence, les motos... etc.) sera incontournable au niveau du déploiement et de la gestion opérationnelle des systèmes de transport intelligents.

La mondialisation a pour conséquence qu'au niveau européen, comme au niveau des autres régions du monde, on retrouve fréquemment les mêmes acteurs de l'industrie automobile. Le développement de la connectivité et du multimédia, puis l'arrivée des systèmes coopératifs encore appelés ITS coopératifs (C-ITS), a conduit l'industrie automobile à s'organiser en créant le consortium C2C-CC (*Car to Car Communication Consortium*). Ce consortium était à son origine constitué principalement de constructeurs automobiles Allemands (Audi, BMW, Daimler, VW), mais celui-ci a rapidement intégré des constructeurs de camions (Daimler, Volvo, MAN) et de motos (BMW, Honda). D'autres constructeurs, présents sur le marché européen, ont alors rejoint ce consortium (voir figure 1.4.1.1).

Figure 1.4.1.1 : Comité directeur du consortium C2C-CC (année 2014). Source : Auteur

Le comité directeur du C2C-CC n'est constitué que de constructeurs de véhicules.

Chacun d'eux peut avoir plusieurs branches comme Daimler (camions, automobiles), Volvo (camions, automobiles), BMW (motos, automobiles), Honda (motos, automobiles).

Ce consortium a été particulièrement actif au niveau de la normalisation (ETSI) et afin de préparer le déploiement des systèmes coopératifs, en particulier en négociant et signant pour la plupart un MOU (*Memorandum Of Understanding*) [Réf 3], les engageant à déployer les systèmes coopératifs à partir de 2015 en Europe, moyennant le respect d'un certain nombre de conditions :

- Stabilisation avant fin 2012 d'un jeu minimum de standards cohérents et couvrant l'ensemble des couches fonctionnelles identifiées dans le modèle de référence ;

- Stabilisation d'une infrastructure de sécurité du système couvrant les besoins de respect de la vie privée et la résistance aux attaques externes ;

- Synchronisation du déploiement de l'embarqué véhicule avec le déploiement de l'infrastructure routière de façon à permettre le développement de services complémentaires à la sécurité routière permettant un retour sur investissement (ROI) raisonnable en termes de délai.

En fait, ces conditions n'ont pas été complètement tenues :

- Les standards ETSI sur la sécurité routière ont été publiés avec un peu de retard, alors que les standards CEN/ISO n'ont été publiés que fin 2015. Néanmoins, les applications liées à la sécurité routière peuvent maintenant être déployées ;

- Il existe encore quelques débats au niveau de l'infrastructure de sécurité du système, débats alimentés par les administrations au niveau des États et en particulier en Allemagne.

En conséquence, il est fort probable que le déploiement volontaire promis à partir de 2015 par les constructeurs automobiles ne démarre pas avant 2019, voire 2020 (objectif actuel de la Commission européenne).

1.4.2 L'industrie automobile aux États-Unis

L'industrie automobile aux États-Unis s'est organisée également à travers la constitution d'un consortium de constructeurs travaillant directement sur l'évitement de collision, le consortium CAMP (*Crash Avoidance Metrics Partnership*). Ce consortium regroupe un certain nombre de constructeurs automobile mondiaux faisant également partie du C2C-CC européen pour certains d'entre eux.

Le groupe Chrysler/Fiat a également rejoint récemment ce consortium CAMP.

En fait, à nouveau, il s'agit d'un regroupement des principaux constructeurs mondiaux présents sur le marché d'Amérique du Nord.

À l'opposé de l'Europe, les constructeurs de véhicules considèrent qu'aux États-Unis, ils peuvent directement partir sur l'évitement de collision parce qu'ils disposent d'un système de positionnement GPS augmenté du WAAS (*Wide Area Augmentation System*) leur permettant de garantir dans 95 % des cas un positionnement relatif précis de leur véhicule meilleur que 1,5 mètre.

Cette approche a intéressé l'administration américaine en charge des transports routiers, c'est-à-dire le DOT (*Department Of Transportation*) et le NHTSA (*National Highway Transportation Safety Administration*), qui ont développé une coopération étroite avec le consortium

CAMP afin de définir, ensemble, une stratégie de déploiement des systèmes coopératifs.

1.4.3 La coopération industrie automobile/gestionnaires routiers en Europe

À la suite de la publication du MOU C2C-CC, en 2012, par une majorité de constructeurs de véhicules présents sur le marché européen et membres du consortium C2C-CC (tous sauf les Français, PSA et Renault), les gestionnaires routiers constituant les principales organisations européennes (CEDR, ASECAP, POLIS) ont répondu présent en proposant de constituer, avec les constructeurs de véhicules du C2C-CC, un groupe de travail (figure 1.4.3.1) réfléchissant au déploiement synchronisé des systèmes coopératifs en Europe. Ce groupe de travail, appelé « Amsterdam Group » parce qu'il avait l'habitude de se réunir à Amsterdam, a participé au développement d'une stratégie de déploiement synchronisée véhicule – infrastructure routière, volontaire, ayant été à l'origine du lancement de projets de déploiement et de prédéploiement décrits par la suite dans ce document.

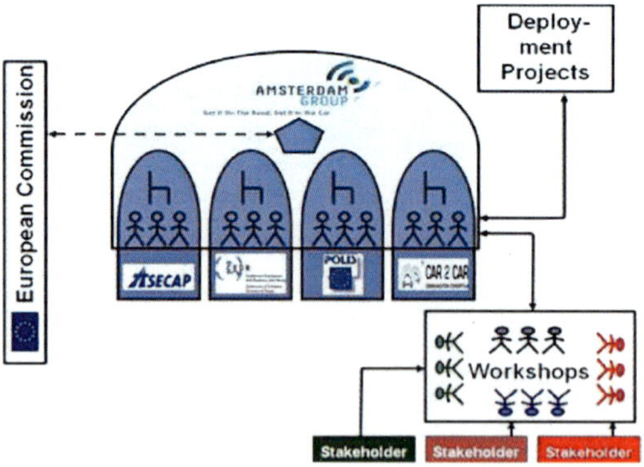

Figure 1.4.3.1 : Groupe d'Amsterdam.
Source : Amsterdam Group

Ce groupe de travail continue à fonctionner afin d'assurer autant que possible la coordination des projets de déploiement et de prédéploiement des systèmes coopératifs au niveau des différents États membres et de contribuer à la plate-forme C-ITS mise en œuvre par la Commission européenne afin de l'aider à développer sa propre stratégie de déploiement.

1.4.4 Le rôle des pouvoirs publics

Les pouvoirs publics, et en particulier la Commission européenne, ont un rôle important à jouer dans le déploiement des ITS, en particulier en ce qui concerne les systèmes coopératifs et de façon plus générale, les solutions techniques permettant d'améliorer la sécurité routière. En particulier, la solution de réglementer ce déploiement comme initialisé aux États-Unis, en imposant la technologie G5 au niveau de tous les nouveaux types de véhicules vendus sur le marché européen à partir d'une certaine date serait certainement le meilleur moyen d'assurer un déploiement soutenu.

Mais ce qui est surprenant en Europe, c'est un lobby actif de certains constructeurs de véhicules s'opposant à une telle stratégie. C'est pourtant la seule solution leur permettant de réduire le temps requis à un retour sur investissement. Ce lobby des constructeurs de véhicules européens contre une réglementation de l'usage du G5 est bien sûr supporté par les opérateurs de télécommunications qui souhaitent minimiser l'impact du déploiement du G5 sur leurs réseaux cellulaires et donc sur le business en découlant. En fait, les opérateurs de télécommunication et leurs équipementiers développent, à marche forcée, une solution concurrente basée sur le LTE (C-V2X, Cellular V2X) afin de reprendre le contrôle du déploiement de ces systèmes car ils ont peur qu'une partie du marché des télécommunications leur échappe avant l'arrivée de la 5G, qui est supposée pouvoir s'affranchir des contraintes de temps de latence inhérentes aux réseaux cellulaires.

Par ailleurs, les pouvoirs publics locaux (au niveau des États) et régionaux peuvent agir afin d'accélérer l'équipement du parc de véhicules en service :

- Soit en subventionnant des solutions seconde monte faible coût, afin d'équiper une portion significative des véhicules en service. C'est plusieurs dizaines de millions de véhicules qui peuvent être concernés en Europe. C'est également l'équipement des vulnérables (piétons, cyclistes) voire de véhicules automatisés volant tels que les mini-drones ;

- Soit en accélérant le renouvellement du parc, en particulier en subventionnant l'achat de nouveaux véhicules impactant peu l'environnement et équipés de systèmes coopératifs. Cela pourrait être coordonné avec le remplacement des véhicules thermiques par des véhicules électriques, si possible, dotés d'une pile à combustible.

Dans tous les cas, les pouvoirs publics européens auront un rôle important à jouer au niveau du déploiement de l'infrastructure de sécurité des systèmes de transport intelligents et ceci tout particulièrement dès que les véhicules commercialisés seront dotés de capacités d'autonomie. Ils auront également un rôle important à jouer au niveau de la mise en place d'un processus de certification, dès que les véhicules coopératifs seront dotés de capacités d'évitement de collision et dès que les véhicules à délégation de conduite seront déployés.

Enfin, à partir du moment où l'on a un évitement de collision automatisé, il sera nécessaire de revoir l'accord de Vienne qui rend responsable le conducteur en cas d'accident, sachant qu'en cas de dysfonctionnement d'un véhicule automatisé, la responsabilité du constructeur doit pouvoir être mise en cause.

1.5. APPLICATIONS ET SERVICES POUR LES ITS

Le concept de système de transport intelligent est apparu il y a plusieurs dizaines d'années avec les systèmes d'aide à la gestion de trafic (SAGT). Ces systèmes sont principalement constitués de deux sous-systèmes :

- Un sous-système de collecte d'informations trafic principalement constitué de boucles de courant comptant les véhicules passant en certains points. Ces boucles de courant ont été complétées par l'usage de véhicules traceurs communiquant des informations sur leurs itinéraires et vitesses. Ces informations sont alors remontées à un centre de gestion. Aujourd'hui, on détecte également le passage de véhicules à travers leurs communications Bluetooth, de plus en plus de véhicules intégrant cette technologie de radio communication ;
- Un sous-système de diffusion d'informations sur le trafic réalisé par divers moyens dont les PMV (panneaux à messages variables), la radio 107.7 et l'info trafic (TMC : Traffic Message Channel).

Ces deux sous-systèmes sont intégrés par un système d'aide à la gestion du trafic routier qui utilise les données collectées en temps réel pour agir sur le trafic en pilotant les feux de trafic et en informant les usagers. D'autres fonctions sont en général ajoutées, telles la gestion des incidents et accidents, celle des travaux, la surveillance de l'état des routes, la gestion des crises, etc.

De plus en plus, ces systèmes dédiés à la gestion du trafic routier sont intégrés avec les systèmes de gestion des transports publics et autres moyens de déplacement alternatifs tels que l'autopartage ou le covoiturage. Ils deviennent en fait des systèmes d'aide à la gestion de la mobilité (SAGM).

Il y a une dizaine d'années, ils ont été complétés par un système d'appel d'urgence (eCall : *Emergency Call*) en cas d'accident.

Les applications et services rendus possibles par le déploiement des systèmes coopératifs et de leur nouvelle technologie G5 dérivée de wi-fi sont divers et variés. Mais le premier jeu d'applications étant à l'origine des recherches entreprises au début des années 2000, aussi bien en Europe qu'aux États-Unis, est le support à la sécurité routière, afin de venir compléter les capteurs et systèmes ADAS utilisés au niveau des véhicules pour faire de l'évitement de collision automatisé.

L'évitement de collision fait partie de la sécurité routière « active » ou encore appelée « primaire », dans la mesure où elle permet d'éviter l'accident. On distingue par ailleurs la sécurité routière secondaire (precrash), qui permet de réduire les impacts sur les occupants d'un véhicule lors d'une collision (ex : les ceintures de sécurité, les airbags, la déformation de l'avant du véhicule lors du choc, etc.). La sécurité routière tertiaire permet quant à elle d'accélérer les secours (ex : appel d'urgence) après l'accident.

En conséquence, il est fort probable qu'à terme tous les véhicules seront équipés d'une technologie de type G5 permettant des communications directes véhicule – véhicule et véhicule – infrastructure routière. Cette technologie à haut débit (6 à 12 mégabits/seconde et par canal de 10 mégahertz), permettant une couverture géographique de plusieurs centaines de mètres, devrait être libre de coût afin de ne pas obliger les propriétaires de véhicules à faible coût ou les constructeurs automobiles à contracter un abonnement télécoms (universalité du service). Compte tenu de la bande passante disponible dans les divers canaux alloués, il est alors envisageable de déployer un certain nombre de nouvelles applications locales tirant parti de cette nouvelle technologie (voir chapitre II). En général, on distinguera trois grandes catégories d'applications :

- Les applications de sécurité routière ;
- Les applications de gestion du trafic routier ;
- Les applications de support à la mobilité.

En ce qui concerne les applications de sécurité routière qui font l'objet de la priorité la plus élevée afin de satisfaire un objectif annoncé de la Commission européenne et des États membres de « Zéro accident grave » en 2050, les constructeurs européens du C2C-CC et américains de CAMP ont défini un déploiement devant être réalisé en trois étapes en Europe et en deux étapes aux États-Unis (figure 1.5.1). Ce déploiement de la sécurité primaire est conditionné par plusieurs aspects techniques sur lesquels l'industrie des véhicules travaille avec le support des pouvoirs publics et instituts de recherche :

- Le système de positionnement des véhicules doit être très précis (meilleur qu'un mètre en absolu). En Europe, ce n'est pas actuellement le cas et toutes les espérances sont tournées maintenant vers le déploiement de la constellation de satellite européenne Galileo ;

- La sûreté de fonctionnement de l'embarqué véhicule qui doit garantir qu'en aucun cas, même lors d'une défaillance ou d'une attaque externe, le véhicule ne pourra par lui-même provoquer un accident. La sûreté de fonctionnement inclut la sécurité du système lui-même qui devra être capable de résister à n'importe quelle attaque externe ;

• Le support de l'infrastructure routière (coopération I2V) dans un certain nombre de situations (intersections, haut de côte, route en courbe, obstacle masqué, etc.) ne permettant pas au véhicule autonome seul d'acquérir une perception suffisante à une prise de décision d'évitement de collision.

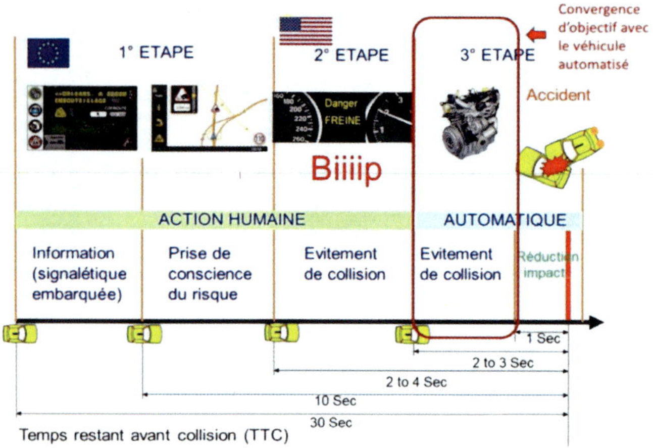

Figure 1.5.1 : Les trois étapes de déploiement de la sécurité primaire. Source : Auteur

L'Europe se concentre actuellement (ex : projets européens Corridors, SCOOP@F, C-Roads, InterCore, etc.) sur la phase 1 et 1.5 (jalons de la Commission européenne), consistant à fournir une information fiable et en temps réel aux conducteurs relativement à un risque routier (prise de conscience du risque) et ceci afin d'accroître la vigilance des conducteurs. Les États-Unis sont directement orientés vers l'évitement de collision (*crash avoidance*).

Les applications de gestion du trafic routier bénéficieront des échanges continus et en temps réel ayant lieu entre l'ensemble des véhicules. Ces échanges contiennent de nombreuses informations utiles à la gestion de trafic (vitesse, trajectoire, dynamique du véhicule, type de véhicule, etc.) qui pourront être captées par des unités bord de route (UBR) et, après une brève analyse, remontées à des centres de gestion de trafic. Ces mêmes UBR pourront alors diffuser des consignes aux automobilistes afin de les guider au niveau de leurs conduites et itinéraires. Cela conduira bien sûr à terme à la suppression des boucles de courant et des panneaux à messages variables.

Les applications de gestion de la mobilité pourront communiquer des informations, multimédia, temps réel, utiles, relatives aux points d'intérêts (POI) des automobilistes (stations-service, aires de repos, points de recharge véhicules électriques/hydrogène, station de gonflage des pneus, restaurants, hôtels, etc.). Elles pourront également fournir des informations multimédias, en temps réel, sur les POI valorisant le patrimoine régional ou tout autre centre commercial ou de services susceptibles d'intéresser le conducteur ou les passagers d'un véhicule. Dans ce dernier cas, ces informations pourront alors remplacer avantageusement les panneaux publicitaires localisés en bord de route.

2.
LE SYSTÈME TECHNIQUE

Les systèmes de transport intelligents sont constitués de 3 niveaux fonctionnels qui sont tels que représentés sur la figure 2.1 ci-dessous.

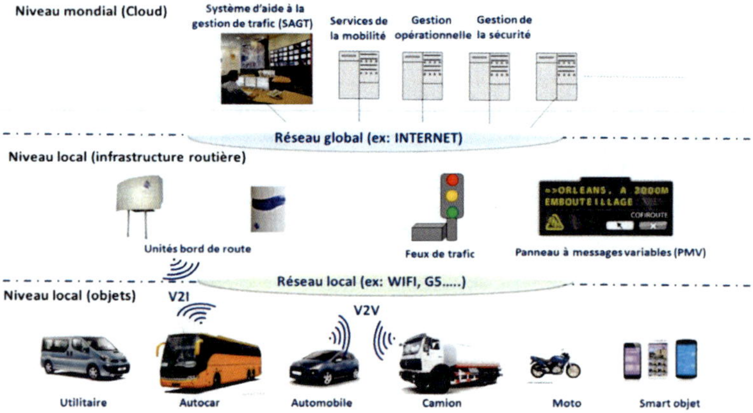

Figure 2.1 : Les trois niveaux fonctionnels des Systèmes de Transport Intelligent. Source : auteur

Tous les éléments de ces trois niveaux sont en général dotés d'une intelligence artificielle développée par l'intelligence humaine. Ces éléments d'intelligence artificielle travaillent sur des données disponibles localement et dans les autres niveaux fonctionnels (big data). Les coopérations entre niveaux fonctionnels et l'accès aux données partagées se font au moyen de réseaux de télécommunications qui peuvent être des réseaux locaux sans fil et des réseaux globaux hybrides (sans fil et terrestres).

2.1. PRINCIPES DE BASE

Plusieurs principes de base régissent l'architecture des systèmes de transport intelligents :

Le principe de répartition de l'intelligence et des données

L'intelligence artificielle requise pour la satisfaction des services clients ciblés peut être répartie de manière variable, c'est-à-dire allant d'une façon complètement distribuée dans les divers éléments du système vers un fonctionnement centralisé, en général au niveau des serveurs se trouvant dans le « cloud ». Les données peuvent également être distribuées de façon variable et consistante ou non avec la répartition de l'intelligence.

Plusieurs catégories d'exigences sont à prendre en compte en ce qui concerne la répartition de l'intelligence et des données :

- Les exigences fonctionnelles et opérationnelles des services supportés. Ces exigences devront être définies au début du cycle de développement et devront être caractérisées en termes de performance, qualité de service, sécurité, sûreté de fonctionnement, maintenabilité, évolutivité, etc. du système et de ses éléments ;
- Les exigences économiques prenant en compte les prix et valeurs des éléments du système, ainsi que des

services supportés. Par exemple, lorsqu'il s'agit de services de sécurité routière, ceux-ci doivent être disponibles au plus faible coût, quelle que soit la valeur du véhicule commercialisé (des véhicules « ultra low cost », aux véhicules de haut de gamme).

Le principe de coopération

La coopération découle de la distribution de l'intelligence et des données. Pour coopérer, divers éléments du système doivent utiliser le même langage, aussi bien en termes de sémantique qu'en termes de syntaxe. C'est pour cela que le développement de standards auxquels chacun doit se conformer devient une obligation. Une coopération étroite peut s'avérer nécessaire au niveau de certaines applications (ex : l'évitement de collision entre des mobiles se déplaçant à grande vitesse). La coopération se fait via des réseaux de télécommunications locaux, dits « ad hoc » car très évolutifs, pouvant être associés à des réseaux de télécommunications globaux.

Le principe de performance et de qualité de service

Les performances et la qualité de service du système doivent être spécifiées en fonction des services ciblés. Elles peuvent s'exprimer en termes de :

- Temps de latence des télécommunications et autres éléments du système influençant l'âge des données sur lesquelles les éléments du système doivent travailler ;
- Précision des éléments de données, soit par exemple la position géographique d'un mobile à un instant T ;
- Le niveau de confiance pouvant être accordé aux données communiquées, en particulier en fonction de la nature de leurs sources (ex : nature humaine ou

automatisme). Il s'agit alors d'évaluer la véracité des données communiquées en termes de nombres de « faux positifs » et « faux négatifs » ;

- D'ergonomie de l'interface homme – machine (IHM) en fonction de la nature de l'information communiquée (ex : urgence) et du contexte d'usage. En cas d'urgence nécessitant une action immédiate (ex : freinage d'urgence), il faut que le message communiqué soit audible dans tous les environnements, contextes de conduite, et rapidement interprétable comme devant entraîner une action immédiate ;
- Etc.

Le principe de continuité de service, de pérennité et de sûreté de fonctionnement/sécurité

Les systèmes sont sujets à des défaillances, des attaques externes (sécurité) et des vieillissements entraînant des évolutions technologiques et de services. Ces évolutions, planifiables ou non, doivent pouvoir être effectuées avec un minimum de variation des services existants. Dans tous les cas de figure, les systèmes doivent être tolérants aux fautes, c'est-à-dire ne pas pouvoir conduire à des dommages occasionnés tant au niveau des utilisateurs qu'au niveau des équipements utilisés (sûreté de fonctionnement). Les corrections et les évolutions d'un système imposent de développer des capacités de reconfiguration à distance (au moins en ce qui concerne le logiciel).

Les attaques externes (ou cyberattaques) doivent pouvoir être détectées au plus vite (détection de mauvais comportements et d'incohérence des données) et rester confinées. Les sources à l'origine des attaques doivent pouvoir être identifiées et signalées au plus vite afin d'éviter d'autres attaques par élimination de la source (mise sur liste noire).

2.2. LES EXTENSIONS TÉLÉCOMS

Dès qu'un système est constitué de plusieurs éléments qui doivent échanger des données et coopérer, nous avons besoin de réseaux de télécommunications. Ces réseaux de télécommunications peuvent prendre plusieurs formes et être opérés par différents acteurs.

En général, les systèmes de transport intelligents sont par définition mobiles. Ils seront donc grands consommateurs de réseaux de télécommunications sans fil supportant la mobilité. Les réseaux sans fil peuvent être classés en deux catégories :

- Les réseaux locaux ad hoc dont la portée est limitée à quelques centaines de mètres maximum, voire à quelques kilomètres sous certaines conditions comme pour la technologie G5 (en Europe)/WAVE (DSRC aux États-Unis). Ces deux technologies sont basées sur le standard américain IEEE 802.11p ;

- Les réseaux globaux, qui correspondent à une agrégation de réseaux sans fil (réseaux cellulaires) avec des réseaux terrestres maintenant réalisés en fibres optiques afin d'offrir de gros débits (jusqu'à quelques dizaines, voire centaines, de gigabits/seconde) au niveau des grosses artères d'interconnexion. Les réseaux sans fil sont alors appelés réseaux d'accès et couvrent des cellules plus ou moins étendues en fonction des densités de population.

Les réseaux locaux ad hoc sans fil, comme ceux d'accès cellulaire, offrent des débits de quelques mégabits/

seconde jusqu'à actuellement de l'ordre d'un gigabit par seconde pour les plus performants. Ils sont principalement standardisés au niveau de l'IEEE américain ou du 3GPP pour les réseaux cellulaires.

Les réseaux sans fil utilisent des bandes de fréquences radio qui leur sont affectées par les organismes de régulation des télécommunications régionaux (ex : le CEPT en Europe pour la Commission européenne) ou/et mondiaux (l'UTE au niveau mondial). Le spectre radio disponible étant limité, cela entraîne des disputes entre les principaux opérateurs de ces réseaux radios. Comme pour la technologie (loi de Moore), on atteint également les limites des possibilités en termes de bandes de fréquences disponibles pour les communications radio.

En ce qui concerne les ITS (systèmes de transport intelligents), ceux-ci utiliseront aussi bien l'accès aux réseaux cellulaires (3G, 4G et prochainement le 5G) lors des besoins d'accès globaux que certains réseaux locaux ad hoc sans fil pour les besoins locaux.

En plus des réseaux locaux bien connus au niveau automobile tels que le wi-fi et le Bluetooth, un nouveau réseau local ad hoc dédié aux ITS a récemment été introduit par l'IEEE (IEEE 802.11p) et est en cours de déploiement dans diverses régions du monde (États-Unis, Europe, Corée du sud, etc.).

Aux États-Unis, comme en Europe, le DOT/NHTSA et la Commission européenne ont alloué un spectre de fréquence de l'ordre de 75 mégahertz (70 en Europe) pour les besoins des ITS (voir figure 2.2.1). En Europe, 30 mégahertz (entre 5,875 gigahertz et 5,905 gigahertz) ont été alloués aux besoins de la sécurité routière. Cependant, ce spectre ITS, libre de droit (gratuit) n'est pas protégé et de nouveaux entrants (réseaux locaux wi-fi Gigabit (IEEE 802.11ac)) essaient de se l'approprier. Par ailleurs, dans certaines conditions, il semblerait que des interférences entre cette bande ITS et la bande de fréquence utilisée pour le télépéage (DSRC européen centré sur le 5,800 gigahertz) puissent exister.

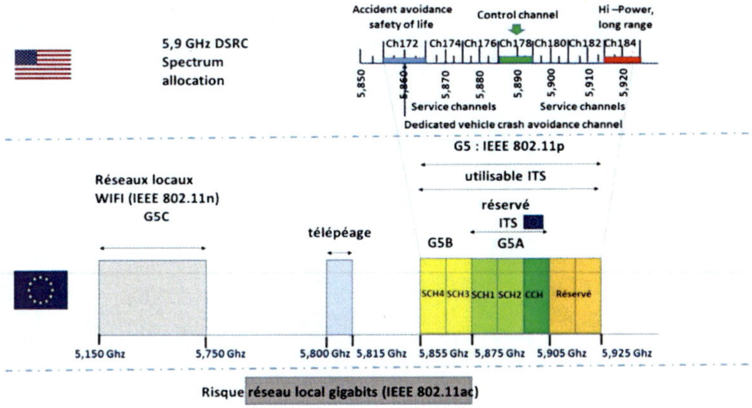

Figure 2.2.1 : Spectres de fréquences alloués en Europe et aux États-Unis aux ITS. Source : Auteur

Il est donc nécessaire de trouver des compromis afin d'essayer de satisfaire ces besoins sans entraîner de perturbations au niveau des services ITS et en particulier des applications de sécurité routière.

Il est également à noter que les opérateurs de télécommunication n'ayant pas supporté que des bandes de fréquences allouées aux ITS puissent leur échapper, ceux-ci développent une contre-proposition à l'IEEE 802.11p, construite sur la base de la technologie LTE TDD utilisée en Chine pour le 5G. Bien sûr, cette nouvelle technologie de réseau local ad hoc devra également se trouver une place au niveau du spectre alloué aux ITS ou ailleurs.

Ces disputes, basées sur les compétitions auxquelles se livrent diverses industries pour l'obtention de bandes de fréquences, ne font que retarder le déploiement des ITS et en particulier des systèmes coopératifs que nous considérerons ci-dessous.

2.3. LES SYSTÈMES COOPÉRATIFS

Le principe de base de ces systèmes est une coopération continue, locale, en temps réel, entre les véhicules de tous types se trouvant en mobilité, qualifiée de V2V (véhicule à véhicule) et entre ces véhicules et des éléments d'infrastructure routière, qualifié de V2I (véhicule à infrastructure). Les vulnérables comme les cyclistes ou les piétons pourraient être inclus dans la définition des véhicules, cependant, en ce qui concerne les piétons, on utilise fréquemment la terminologie V2P (véhicule à piéton).

Ces coopérations sont rendues possibles à travers des communications directes entre véhicules, entre véhicules et éléments d'infrastructure routière (ex : unités bord de route, contrôleurs de feux de trafic, mobilier urbain, panneaux de signalisation, etc.) et entre véhicules/éléments d'infrastructure routière et piétons (voir figure 2.3.1).

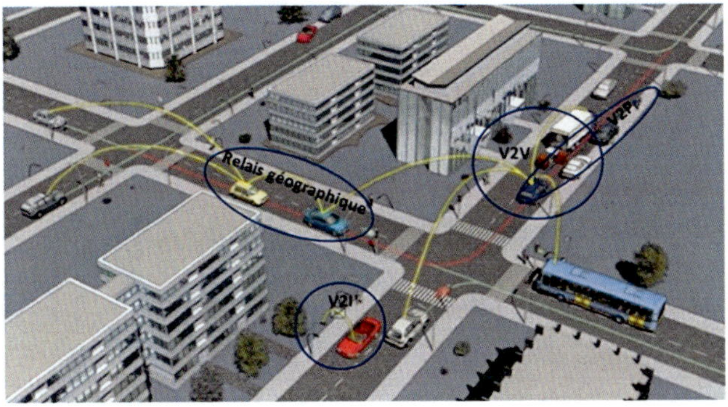

Figure 2.3.1 : Principes de base des systèmes coopératifs. Source : BMW

Les systèmes coopératifs sont aussi appelés « systèmes de transport intelligents coopératifs » (C-ITS : *Cooperative – Intelligent Transport Systems*).

En termes d'évitement de collision, les exigences principales sont :

- Des échanges locaux sur quelques centaines de mètres autour de chaque véhicule ;
- Des temps de latence de bout en bout (application à application) très faibles (quelques dizaines de millisecondes) afin de conserver la fraîcheur des données échangées ;
- Une grande fiabilité des communications quelles que soient les vitesses respectives des véhicules qui échangent des données.

Ces coopérations doivent pouvoir être réalisées entre tous les objets impliqués dans cet évitement de collision, quels que soient les fabricants de ceux-ci, les modèles, les versions.

Cela impose donc la disponibilité de standards stables et mis en œuvre au niveau des objets coopérants. Il sera également nécessaire de vérifier la bonne application des standards au moyen de tests de conformité qui eux-mêmes devront être standardisés et ainsi permettre l'interopérabilité des éléments constituant le système.

Le développement des systèmes coopératifs a conduit à un certain engouement des principaux acteurs impliqués, en particulier l'industrie automobile et les opérateurs routiers supportés par les équipementiers routiers. Les laboratoires de recherche ont été également intéressés, en particulier en relation avec les besoins de sécurité de ces systèmes. Malheureusement, un certain nombre d'opposants se sont manifestés, retardant leur déploiement généralisé :

• Les opérateurs de télécommunications se sont sentis exclus car les constructeurs automobiles et les opérateurs routiers n'ont pas besoin d'eux pour déployer un système de communication local de type wi-fi libre de licence. De plus, ils ont considéré que les bandes passantes allouées aux ITS leur étaient enlevées alors que leurs besoins sont en croissance continue.

• Cette opposition s'est traduite par le développement de nouveaux standards ciblant l'usage des bandes de fréquences ITS tels que l'IEEE 802.11ac, le LTE V2V. Par exemple, l'IEEE802.11ac demande des bandes de fréquence de 160 mégahertz (pour permettre un débit d'un gigabit par seconde), dont l'une se situe en limite du canal SCH1 (5,875 gigahertz). Non seulement cette bande de fréquence recouvre le canal réservé pour le télépéage en Europe, mais recouvre également les premiers canaux utilisés pour les ITS, avec un risque d'interférence avec ceux dédiés à la sécurité routière. Les divers acteurs impliqués essaient donc de trouver des compromis techniques afin de faire cohabiter différents besoins sans perturbation des services commercialisés. Par ailleurs, les opérateurs de télécommunications essaient de développer dans le cadre de leur nouvelle technologie 5G, des alternatives aux standards de communication V2X retenus en Europe et aux États-Unis. Comme un déploiement sérieux de cette nouvelle technologie n'est pas envisageable avant un certain nombre d'années, ils proposent une solution de type réseau local ad hoc, voisine du G5, mais utilisant en principe le même composant que la 5G (argumentaire de réduction des coûts). Les premiers circuits intégrés de ce composant devraient être disponibles fin 2018 ;

• Certains États membres de l'Union européenne ont remis en cause les procédures et standards développés par les constructeurs automobiles en ce qui concerne la sécurité du système. De plus, le déploiement de celle-ci requiert une approche globale au niveau européen, de façon à ce que tout véhicule qui le souhaite puisse circuler en profitant des services offerts par les systèmes coopératifs de façon indépendante de l'autorité de gestion de la sécurité du système.

La Commission européenne s'est emparée du dossier des systèmes coopératifs en créant une plate-forme d'échange appelée « C-ITS *platform* ». Cette plate-forme d'échange doit conduire à clarifier la situation, aussi bien au niveau de l'usage du spectre de fréquence alloué aux ITS que de la mise en œuvre du système de sécurité à l'horizon 2019 – 2020. La Commission européenne s'est maintenant engagée à financer le développement d'un système racine (*Root*) nécessaire à l'harmonisation des divers systèmes développés par les États membres.

2.4. LES APPLICATIONS CIBLÉES

Les applications initialement ciblées par les systèmes coopératifs sont liées à l'évitement de collision afin de contribuer au défi du « zéro accident grave », que ce soit en Europe, en Asie ou aux États-Unis. Mais le mécanisme de diffusion des informations, les portées des réseaux locaux ad hoc, ainsi que les bandes passantes disponibles ouvrent la porte à de nombreuses autres applications locales ne pouvant pas être supportées de la même façon (avec la même efficacité) par des réseaux globaux. Quelques exemples de ces applications seront communiqués par la suite.

2.4.1 La sécurité routière

On voit bien que les mesures de prévention (informations) ainsi que les mesures de répression, si elles ont partiellement contribué à réduire le nombre de morts et blessés graves sur les routes, ne permettent plus à elles seules d'éliminer tous les accidents graves. La plus grande contribution à la réduction des impacts des accidents graves est plutôt à mettre sur le compte de la sécurité secondaire (pré crash) et tertiaire, développée par les constructeurs de véhicules, et en particulier :

- La ceinture de sécurité, qui a été en permanence améliorée afin de réduire les blessures générées (ex : projection de la personne vers l'avant et en particulier de sa tête sur le volant/cockpit) par celle-ci lors de fortes décélérations ;

- Les airbags, qui sont déclenchés automatiquement une fraction de seconde avant la répercussion d'un choc sur les occupants d'un véhicule ;
- La capacité de l'avant du véhicule à réduire la décélération subie par les occupants du véhicule en en absorbant une partie par la déformation de celui-ci ;
- L'appel d'urgence qui a été développé très tôt par certains constructeurs comme PSA et qui a conduit à réduire de façon drastique les délais d'intervention après accident ;
- Etc.

La sécurité active a également vu quelques progrès avec l'ABS, l'ESP et le développement des ADAS, permettant de maintenir automatiquement une distance minimum entre les véhicules tels que l'ACC (*Active Cruise Control*) ou de signaler à un conducteur en hypovigilance qu'il est en train de sortir de sa voie (*Lane Keeping*). Le freinage d'urgence qui se déploie actuellement est également un moyen efficace de réduire le nombre de morts et de blessés graves sur la route.

Mais, il est maintenant clair que l'on a épuisé les moyens permettant de réduire les impacts des accidents et d'accélérer l'arrivée de secours et qu'il faut donc concentrer les efforts sur la sécurité primaire (ou sécurité active), consistant à éviter toute collision.

Cet objectif est d'ailleurs le même en ce qui concerne le développement et déploiement du véhicule automatisé. Il y a donc convergence d'objectifs :

- Il n'est pas acceptable qu'un véhicule automatisé puisse conduire à des collisions. Il devra donc faire de l'évitement de collision, même à faible vitesse ;

• La seule façon d'atteindre le défi du « zéro accident grave » est de faire de l'évitement de collision automatisé.

L'industrie automobile est maintenant convaincue, au niveau mondial, que cet évitement de collision automatisé est possible à travers la combinaison des technologies de perception autonomes (ADAS : capteurs tels que les caméras, radars, lidars, etc.) et des systèmes coopératifs (connectivité courte distance).

En fait, Nissan a développé le concept de « bouclier virtuel de sécurité » (*Virtual Safety Schield*) qui a été repris par Renault dans le cadre des projets SAFESPOT et SCORE@F. Ce concept (figure 2.4.1.1) consiste, pour tout véhicule, à surveiller son environnement en continu avec plus ou moins d'attention en fonction de la dynamique de celui-ci, et à entrer dans un état de protection active si un objet de cet environnement devient une menace pour sa propre sécurité. La menace peut être pour le véhicule lui-même ou pour l'objet entrant dans le bouclier de sécurité de celui-ci (ex : vulnérable non équipé).

Donc, le problème est l'acquisition d'une perception totale, par tout véhicule en mouvement, de son environnement proche (au maximum quelques centaines de mètres, 360° autour de lui, à grande vitesse) et ceci **dans toutes les configurations topographiques de la route et tous les contextes de circulation.** Dans ces conditions, tout véhicule peut bien sûr être aidé par les autres et par l'infrastructure routière (voir projet français PAC V2X ci-dessous) pour l'acquisition de cette perception totale. C'est bien là le rôle des systèmes coopératifs qui échangent en continu et en temps réel leurs propres perceptions de l'environnement et les partagent avec les autres.

L'échange de perceptions entre véhicules (coopération V2V) est réalisé au moyen de messages standards appelés CAM (*Cooperative Awareness Message*) qui sont diffusés par tout véhicule (au sens large) équipé, à une fréquence maximum actuelle de 10 hertz (périodicité de 100 millisecondes). Cette fréquence est variable et peut être réduite à 1 hertz lorsqu'aucun objet mobile ou fixe, ne se trouve dans le bouclier de sécurité du véhicule. Dans le futur, cette fréquence devra probablement être augmentée de façon à acquérir une précision plus fine, en temps réel, des trajectoires des véhicules se déplaçant à grande vitesse.

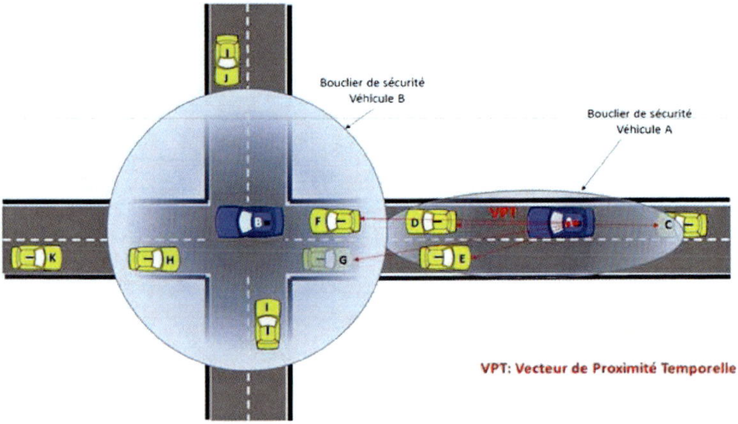

Figure 2.4.1.1 : Concept de bouclier virtuel de sécurité. Source : Auteur

Comme il est représenté sur la figure 2.4.1.1, un bouclier de sécurité virtuel doit être capable de s'adapter dynamiquement à la topographie du circuit routier, mais également à la dynamique de circulation. Pour cela, il mesure en continu les valeurs des vecteurs de proximité temporelle (VPT), obtenues en comparant, par exemple, les distances temporelles à vol d'oiseau séparant le véhicule sujet des autres véhicules évoluant dans le réseau local ad hoc, constitué actuellement par la technologie G5. Les trajectoires des véhicules, leurs vitesses, leurs variations de vitesse, leurs dimensions et masses sont déduites des éléments de données diffusés en continu dans les messages CAM.

Lorsqu'un véhicule pénètre dans le bouclier de sécurité virtuel du véhicule sujet, celui-ci accroît sa surveillance relativement à ce véhicule (peut augmenter sa fréquence de diffusion des CAM), de façon à décider d'une action d'évitement de collision. La figure 2.4.1.2 représente un exemple de machine d'état traduisant cette évolution de la vigilance de l'application d'évitement de collision. Une telle machine d'état peut faire partie de la fonction « analyse de risque », ainsi faisant évoluer le niveau de probabilité d'une collision.

Cette machine d'état peut évoluer dans les trois états représentés :

- L'état MON (Monitoring) consiste, pour le véhicule sujet, à observer son environnement et traduit le fait que l'ensemble des distances temporelles le séparant des autres véhicules, directement ou indirectement perçues, est trop important pour créer un risque de collision ;

- L'état VIGI (Vigilance) traduit, pour le véhicule sujet, le fait qu'un véhicule se trouvant dans son environnement s'est rapproché de façon dangereuse ou que le véhicule sujet se rapproche de façon importante d'un vulnérable ou d'un objet statique. Ce rapprochement peut être le fait du véhicule sujet lui-même ou du véhicule objet. Par exemple, comme représenté sur la figure 2.4.1.2, le véhicule objet (B) peut freiner brutalement, conduisant à un rapprochement immédiat du véhicule sujet (A) qui le suit. Cette transition de l'état MON à l'état VIGI est réalisée dès que le vecteur de proximité temporelle tombe en dessous d'un certain seuil (ex : 3 secondes pour une action conducteur ou 1 seconde pour une action automatisée). Cette différence de temps entre une action humaine et une action automatisée est liée à la nécessité de prendre en compte le temps de réaction du conducteur dans le cadre d'une action humaine, ce temps de réaction pouvant varier de 0,5 à 2 secondes en fonction de l'état de vigilance du conducteur. Si le véhicule sujet réduit sa vitesse ou change de trajectoire, il sera alors possible de retourner de l'état VIGI dans l'état MON, car le risque aura disparu.

• L'état ASSIST (assistance) correspond au déclenchement de l'action permettant d'éviter une collision. Dans le cas d'une action humaine, cela se traduira par une alerte de freinage d'urgence (cas d'évitement de collision avant – arrière lors d'un ralentissement brutal du véhicule de devant) ou par une alerte « rester dans la voie », si le véhicule sujet s'apprêtait à déboîter alors qu'un véhicule rapide (ex : moto) approchait pour le doubler. Une fois l'action réalisée, on pourra retourner dans un état MON ou VIGI en fonction de l'existence ou non d'un autre risque.

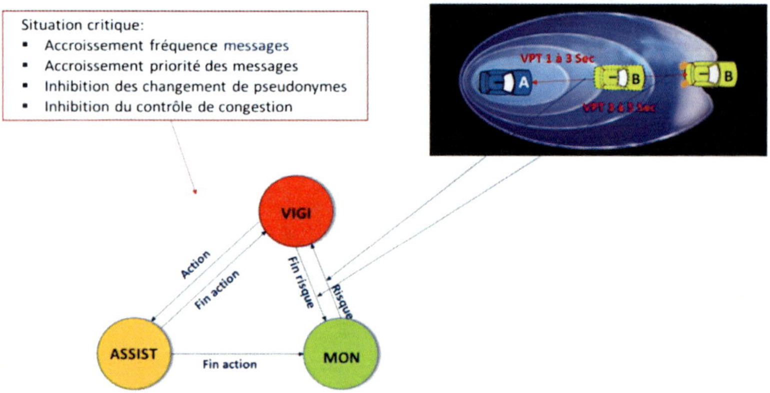

Figure 2.4.1.2 : Exemple de machine d'état utilisée au niveau d'une application d'évitement de collision. Source : Auteur

Lorsqu'un véhicule se trouve dans une situation critique pouvant conduire à un accident, les communications avec le ou les autres véhicules se trouvant dans la même situation doivent être hautement prioritaires (fréquence maximum des échanges, temps d'attente minimum dans les files d'attente) et ne pas être perturbées par des opérations pouvant entraîner un délai dans le traitement des messages reçus (ex : changement de pseudonyme au niveau des messages de sécurité, réduction de la puissance d'émission ou de la fréquence des messages en cas de congestion du canal de contrôle ou de présence d'un poste de télépéage).

Il est espéré, dans un futur lointain, d'avoir la capacité de pouvoir éviter toute collision par action directe sur le véhicule, dans la mesure où la perception qu'il a de son environnement est complète. Cette perception complète ne pourra être obtenue que par une diversité de moyens locaux du véhicule (capteurs tels que caméras, radars, lidars, etc.) et à travers la coopération du véhicule avec les autres véhicules et l'infrastructure routière.

L'usage du vecteur de proximité temporel est un indicateur simple, pire cas, faisant abstraction des topologies des routes suivies par les deux véhicules et des obstacles pouvant se trouver entre eux. En fonction des trajectoires des deux véhicules et des connaissances que nous avons de leurs environnements, la fonction « contrôle de pertinence » peut alors être utilisée afin de préciser les contours du bouclier de sécurité. Le contrôle de pertinence nous indiquera si les véhicules perçus sont sur notre chemin. Par ailleurs, l'on pourra être plus efficace encore si l'on connaît dans le détail les topologies des voies sur lesquelles circulent les véhicules concernés.

L'ETSI a standardisé les exigences fonctionnelles et opérationnelles de trois applications liées à la sécurité routière :

- La signalisation des dangers routiers (Road Hazard Signalling (RHS)) [Réf 4] ;
- L'alerte risque de collision longitudinale (Longitudinal Collision Risk Warning (LCRW)) [Réf 5],

• L'alerte risque de collision à une intersection (Intersection Collision Risk Warning) [Réf 6].

Les deux derniers standards traitent de l'évitement de collision et fournissent les exigences spatio-temporelles à respecter pour atteindre au moins partiellement cet objectif. L'évitement de collision est déclenché à partir d'une analyse de risque effectuée par les véhicules sur la base de leurs perceptions à partir des éléments de données collectés. Ces éléments doivent correspondre le plus possible à la réalité de la situation. Cependant, les temps de communication de bout en bout (application à application), ou temps de latence du système, ne permettent pas d'obtenir cette perception instantanée. Il existera toujours une erreur, aussi minime soit-elle, entre la réalité et la situation perçue. L'ETSI comme la SAE aux États-Unis ont fixé des valeurs maximales aux temps de latence de bout en bout pour l'évitement de collision (figure 2.4.1.3), prenant en compte les capacités actuelles de la technologie.

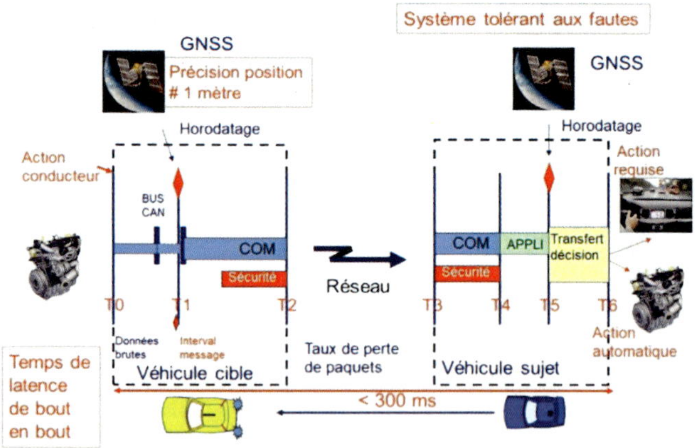

Figure 2.4.1.3 : Exigences de performance minimum. Source : Auteur

Le temps de latence de bout en bout a été fixé à 300 millisecondes maximum, principalement à cause des limites suivantes qui devront être revues lorsque la technologie aura progressé suffisamment (probablement dans les dix ans qui viennent) :

• La fréquence maximum des messages CAM (en Europe) et BSM (aux États-Unis) a été fixée à 10 hertz (soit une périodicité de 100 millisecondes). En 100 ms, un véhicule parcourt une distance supérieure à 3 m pour une vitesse de 130 km/heure. Si l'on considère un temps de latence de 300 ms de bout en bout, cela correspondra à une erreur de 9 m au niveau de la réception des données. Bien sûr, les véhicules récepteurs de l'information peuvent extrapoler la position en considérant une certaine continuité dans la trajectoire et la vitesse, mais cette approximation risque de ne pas toujours être correcte. L'idéal serait de tomber en dessous d'une erreur de 1 m, impliquant une fréquence des messages de l'ordre de 100 hertz (soit une périodicité de 10 millisecondes). Une fréquence de 100 hertz permettrait de viser un temps de latence de bout en bout de 30 millisecondes, dans la mesure où les autres limites ci-dessous identifiées sont également réduites ;

• La fréquence maximum d'échantillonnage des données véhicules via le bus CAN (bus généralement utilisé actuellement pour communiquer avec l'électronique véhicule). Celle-ci est, dans le pire cas, actuellement, de 20 hertz (cohérent avec la périodicité des messages CAM). Pour atteindre les 30 millisecondes de temps de latence maximum permis par une fréquence des CAM de 100 hertz, il faudra alors accroître et généraliser cette fréquence à une valeur de l'ordre de 200 hertz (toutes les 5 millisecondes) ;

• Les temps de traitement des messages CAM/BSM par l'ensemble des couches fonctionnelles traversées en émission et en réception. Le problème principal réside actuellement au niveau de la signature des messages et surtout de l'authentification de ceux-ci en réception par le système de sécurité. En effet, plus la fréquence d'émission des messages de sécurité sera grande, plus chaque véhicule est censé recevoir de messages, fonction du nombre des véhicules équipés se trouvant dans son réseau local ad hoc. Par exemple, si l'on a 100 véhicules équipés diffusant des messages toutes les 100 millisecondes (10 hertz de fréquence), les véhicules recevront 1 000 messages par seconde à authentifier. Aujourd'hui, le hardware spécialisé utilisé pour cela (HSM : Hardware Security Module) est limite. Mais si l'on passait à des fréquences de 100 hertz, ce serait 10 000 messages à authentifier par seconde, voire davantage si l'on bénéficie de canaux de communication bien supérieurs en performances au G5 (6 mégabits/seconde maximum) actuellement utilisé ;

• Le temps de communication radio est faible, compte tenu de la taille des messages (quelques centaines d'octets conduisant à moins d'une milliseconde), cependant, en cas de congestion du canal, le débit peut être considérablement réduit, conduisant à des délais de communication bien supérieurs. Pour réduire ce phénomène de saturation, les organismes de normalisation ETSI et IEEE travaillent sur des algorithmes de contrôle de la congestion (ex : DCC Distributed Congestion Control en Europe) permettant de réduire la taille du réseau local ad hoc en diminuant les puissances d'émission et de réduire les fréquences des messages diffusés. Ces algorithmes doivent bien sûr prendre également en compte les exigences applicatives liées aux situations (niveaux de criticité) dans lesquelles se trouvent les véhicules les uns vis-à-vis des autres.

2.4.2 Quelques cas d'usage des applications de sécurité routière

Le véhicule automatisé, comme la sécurité routière au niveau des systèmes coopératifs, devra faire de l'évitement de collision entre véhicules, mais également entre véhicules et vulnérables. De nos jours, le freinage d'urgence comme le limiteur de vitesse viennent de base sur les nouveaux véhicules commercialisés. Un bon exemple d'usage du freinage d'urgence est lorsqu'un véhicule, à l'aide de sa caméra frontale, perçoit un piéton en train de traverser la voie sur laquelle il circule. Le véhicule peut alors automatiquement déclencher un freinage d'urgence afin d'éviter une collision avec le piéton si celui-ci est proche du véhicule (ex : début de traversée du piéton masqué par un véhicule à l'arrêt).

Sur cette base, il devient alors possible de déclencher des freinages d'urgence dans un certain nombre de situations accidentogènes, sur réception d'alertes provenant d'un autre véhicule ou d'une unité bord de route. On prendra trois exemples importants permettant de sauver un certain nombre de vies humaines chaque année :

La violation d'un signal :

Un exemple de violation d'un signal est au niveau d'un passage à niveau lorsqu'un véhicule ne respecte pas la « barrière fermée ». Il est possible que ce scénario soit celui ayant causé récemment la mort de 6 adolescents plus un certain nombre d'autres gravement blessés dans le Midi de la France. Il en va de même lorsqu'un véhicule est immobilisé sur un passage à niveau fermé suite à une défaillance du véhicule ou humaine. Ce cas de figure a également été récemment la cause de deux morts.

On a donc maintenant des possibilités de systèmes peu coûteux permettant d'éviter ce type de collision (voir figure 2.4.2.1 ci-dessous).

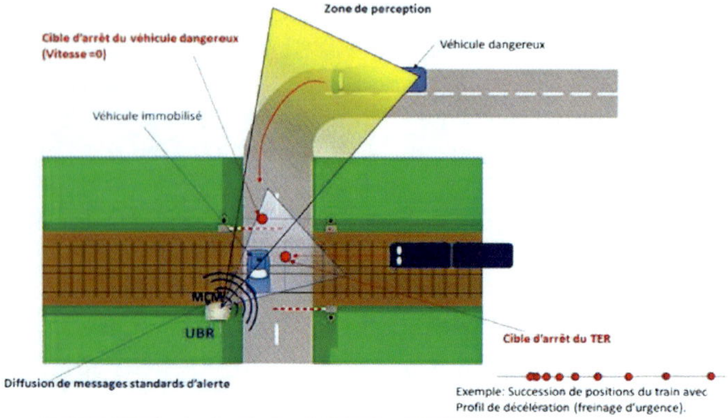

Figure 2.4.2.1 : Détection et signalisation d'un risque de collision.
Source : Auteur

Dans ce cas, dès que l'UBR détecte que la vitesse d'un véhicule approchant une barrière de passage à niveau fermée n'est pas compatible avec un arrêt normal au niveau de la barrière, celle-ci peut diffuser un message standard d'alerte qui sera alors interprété par l'électronique du véhicule comme un signal d'arrêt d'urgence.

De la même façon, si une UBR, au moyen d'un capteur (ex : caméra thermique) détecte un obstacle sur la voie ferrée (ex : véhicule immobilisé) alors que la barrière est fermée, cette UBR devra diffuser une alerte à destination du train (ex : TER) afin que celui-ci déclenche un freinage d'urgence pour éviter la collision avec l'obstacle se trouvant sur la voie.

Le véhicule à contresens

Un cas typique qui a également fait récemment plusieurs victimes est un accès autoroutier par une voie de sortie (voir figure 2.4.2.2 ci-dessous).

Dans ce cas, le véhicule à contresens peut être rapidement détecté par un capteur (ex : caméra thermique) de l'unité bord de route, qui diffusera alors en continu une alerte via un message standard approprié. Sur réception de ce message d'alerte :

- Le véhicule en contresens (véhicule vert) pourra déclencher un freinage d'urgence en se mettant en sécurité sur le bas-côté de la bretelle de sortie ;
- Tandis qu'un véhicule se trouvant dans le bon sens pourra également ralentir et se mettre en sécurité en attendant l'immobilisation du véhicule à contresens.

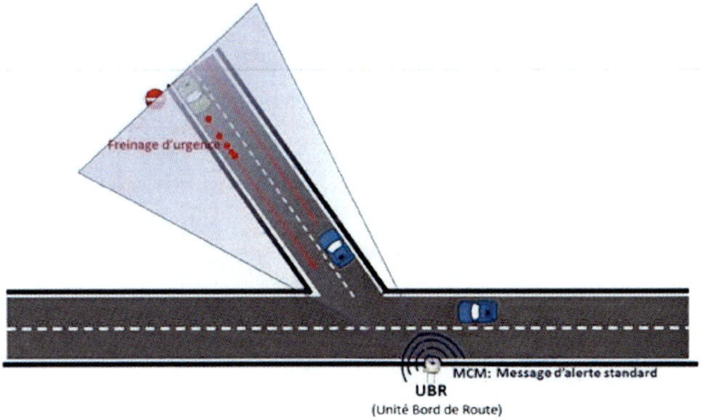

Figure 2.4.2.2 : Détection et signalisation d'un véhicule à contresens. Source : Auteur

Une alerte véhicule à contresens peut alors être transmise par réseau cellulaire à un centre de supervision du trafic qui peut dépêcher un patrouilleur afin de sécuriser la zone et permettre au véhicule à contresens de quitter la bretelle d'accès sans dommage. Si le véhicule à contresens ne s'arrête pas sur réception d'une alerte, alors les forces de police peuvent en être informées.

Les chantiers actifs

Les chantiers actifs peuvent être caractérisés par la présence d'ouvriers se trouvant exposés à des collisions dont les origines seraient des véhicules abordant le chantier à vitesse excessive (voir figure 2.4.2.3 ci-dessous).

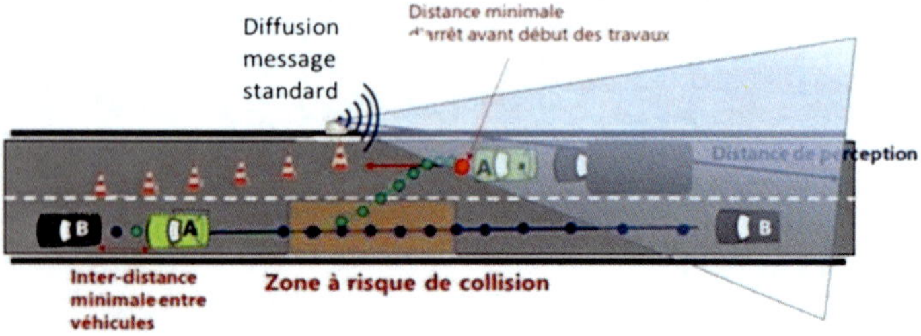

Figure 2.4.2.3 : Détection et signalisation d'un risque de collision avec ouvriers. Source : Auteur

Dans ce cas, un risque de collision d'un véhicule avec des vulnérables situés sur le chantier peut être détecté par une unité bord de route munie d'un système de perception adapté. Ce risque détecté peut alors conduire à la diffusion d'un message d'alerte au véhicule qui déclenchera immédiatement un freinage d'urgence de façon à s'arrêter avant le début du chantier (distance minimale d'arrêt d'urgence).

L'UBR pourra alors assister le véhicule immobilisé afin qu'il s'insère dans le flot circulant sur la voie ouverte de gauche.

2.4.3 Le support à la gestion de trafic

Le support à la gestion du trafic routier comprend deux parties permettant de constituer une boucle réactive en temps réel optimisant le trafic. Dès que l'on agit sur le trafic en réduisant la congestion (embouteillage), on réduit automatiquement la consommation des véhicules et donc le niveau de pollution.

Les deux parties considérées (figure 2.4.3.1) sont :

- La collecte en temps réel des données de trafic sur

l'ensemble du réseau routier de façon à pouvoir agir globalement. Une collecte partielle, locale, ne permet pas une action efficace globale, dans la mesure où elle ne peut que consister à déplacer les bouchons d'un endroit à un autre ;

• Une boucle en temps réel des centres de gestion routière vers les véhicules et leurs usagers de façon à guider ceux-ci, de façon mesurée, vers les itinéraires les moins encombrés. Ce guidage doit pouvoir être mesuré en temps réel de façon à optimiser globalement les infrastructures routières existantes et ne pas se contenter de déplacer les bouchons.

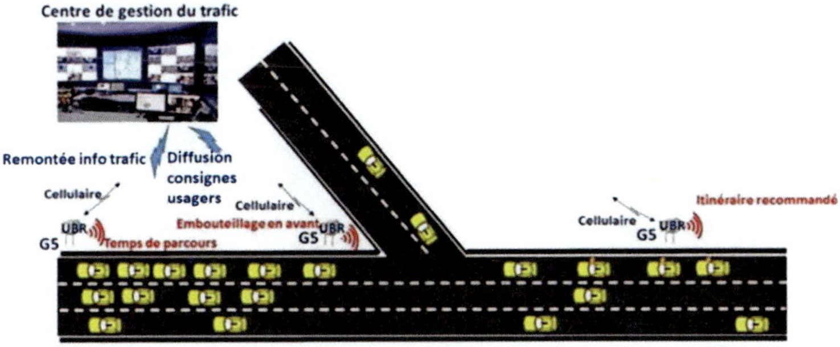

Figure 2.4.3.1 : Exemple de boucle en temps réel pour la gestion de trafic. Source : Auteur

Cette boucle en temps réel peut être réalisée par le centre de gestion de trafic qui peut recevoir en continu, avec de courtes périodicités (quelques secondes) des informations sur la densité du trafic routier, mais également sur les événements inopinés pouvant se produire (ex : accident, véhicule immobilisé, mauvaises conditions atmosphériques, obstacle sur la route, etc.). Ces informations diffusées par les véhicules par utilisation de messages standards (CAM et DENM en Europe, BSM aux États-Unis) peuvent être collectées par des unités bord de route positionnées à des endroits stratégiques et remontées après prétraitement au centre de gestion du trafic routier. Ce dernier consolidera ces informations et les utilisera afin de diffuser les consignes les mieux adaptées à la situation aux usagers de la route (ex : vitesse contextuelle recommandée, itinéraire recommandé, signalisation d'un bouchon, estimation des temps de parcours, suggestion de changement de moyen de transport, aide au transit d'un moyen de transport à un autre, etc.).

Il est à noter, que l'optimisation de la gestion du trafic et donc de sa fluidité aura un impact significatif sur la consommation en carburant des véhicules et donc sur le niveau de pollution émis.

L'optimisation de l'usage des infrastructures routières existantes nécessitera une interaction en temps réel de l'ensemble des centres de gestion du trafic routier, que ceux-ci soient gérés par une autorité publique ou privée (ex : concessionnaire autoroutier). Ces interactions seront facilitées par l'usage de messages standards tels que Datex II.

Il est à noter qu'une bonne gestion du trafic routier (trafic fluide sans variation de vitesse, à vitesse moyenne comprise entre 70 et 100 km/heure) permettra de réduire de façon significative l'émission de CO_2 et de particules au niveau des véhicules thermiques. Elle permettra aussi de réduire de façon significative la consommation de carburant (écoconduite), ce qui aura également un impact sérieux sur les coûts.

L'information trafic

L'information trafic est la base de ce que nous appelons un système de navigation « informé ». De plus en plus, les systèmes de navigation incluent les informations trafic qu'ils reçoivent via un réseau global. Ces infos trafic conditionnent alors le choix d'un itinéraire particulier parmi les milliers d'itinéraires disponibles. Par contre, comme, dans de nombreux cas, l'information trafic n'est pas exacte, cela conduit à des choix mauvais, pouvant accroître de façon significative les délais, voire boucler indéfiniment sur des parties d'itinéraires impossibles conduisant à un dysfonctionnement de la fonction navigation, si par exemple :

- On a un « faux positif » en termes d'information trafic, c'est-à-dire on reçoit un message signalant un événement inopiné perturbant le trafic (ex : accident) qui n'existe pas. C'est souvent le cas, car les usagers (crowd sourcing) signalent volontiers un événement inopiné existant, mais ne signalent pas sa disparition. Dans ce cas, votre système de navigation vous propose un nouvel itinéraire susceptible de vous faire gagner du temps. À ce niveau, il est difficile pour vous de prendre une décision car vous ne savez pas estimer si l'information trafic est exacte et si le nouvel itinéraire vous fera réellement gagner du temps, donc le choix est souvent laissé au hasard. Mais il n'est pas rare, si vous conservez l'itinéraire initialement proposé, de découvrir qu'en fait il n'y avait pas d'accident et que le trafic est fluide. Après une ou deux fois, vous perdez alors confiance dans votre système de navigation. Par contre, si vous acceptez le nouvel itinéraire, vous ne saurez jamais si vous avez eu raison ou non ;

- On a un « faux négatif » en termes d'infos trafic, c'est-à-dire que l'on ne reçoit pas une information signalant un événement inopiné, par exemple la fermeture du périphérique parisien. Dans ce cas, votre système de navigation peut vous proposer une entrée sur le périphérique qui est alors fermée. Comme vous ne pouvez entrer, vous essayez de trouver un autre itinéraire, mais votre système de navigation vous renvoie en continu vers cette entrée fermée et vous bouclez ainsi jusqu'au moment où vous décidez de vous passer de cette fonction. Cela peut être particulièrement désagréable lorsque vous ne connaissez pas la région, surtout si celle-ci est bouleversée par des travaux.

Un autre exemple de service coopératif allant dans le sens de l'écoconduite est GLOSA (*Green Light Optimal Speed Advisory*) encore appelé « onde verte ». Ce service consistera à synchroniser les feux de trafic de façon à pouvoir les passer tous au vert, à condition que les conducteurs ajustent et maintiennent leur vitesse de façon uniforme à une valeur préconisée (ex : 70 km/heure). Cela permet d'éviter les ralentissements et accélérations brutaux tout en roulant à une vitesse optimale en termes d'écoconduite (écologique et économique). Bordeaux est une ville pilote en ce qui concerne la mise en œuvre de ce service coopératif, rendu possible grâce à la diffusion par les feux de trafic aux véhicules des phases (vert, orange, rouge) et du timing (temps restant avant changement de phase) des feux de trafic. Pour cela, le message standard SPAT (*Signal Phase and Timing*) ainsi que les éléments de cartographie (MAP) associés indiquant les zones contrôlées par les feux ont été standardisés par le CEN TC 278 WG16.

Il est à noter qu'actuellement, en France, on a plutôt tendance à créer des « ondes rouges », c'est-à-dire synchroniser les feux au rouge de façon à réduire les vitesses des véhicules. Si cela peut avoir un aspect sécuritaire qui reste à démontrer, ce n'est certainement pas la solution pour réduire la pollution et la consommation de carburant.

2.4.4 Le support à la mobilité

On distinguera la mobilité monomodale, réalisée par exemple avec un véhicule routier unique allant d'un point de départ à un point d'arrivée, de la mobilité multimodale combinant divers modes de transport.

Mobilité routière monomodale

Les applications de support à la mobilité routière monomodale sont multiples et dépendent des contextes d'utilisation des véhicules et de leur type. Leurs usages dépendent également de l'environnement routier dans lequel le véhicule évolue (urbain, interurbain, rural, autoroutier). On distinguera principalement les deux grandes catégories d'utilisation des véhicules :

- Les véhicules de flotte à usage professionnel. À nouveau, on est confronté à une grande diversité possible d'applications dépendant des professions considérées et des véhicules utilisés. À ce niveau, on peut cependant voir émerger deux applications génériques pouvant bénéficier des ITS :

  - La gestion dynamique de tournées pouvant prendre en compte certaines informations en temps réel relatives au trafic routier et aux événements inopinés pouvant survenir. Dans ce cas, on a besoin d'informations fiables concernant les temps de parcours estimés et les événements inopinés qui surviennent ;

  - L'aide au stationnement en fournissant en temps réel les états des différents parkings requis pour effectuer les livraisons de produits et rendre les services attendus. Au niveau des poids lourds, il est souvent nécessaire d'identifier les disponibilités en temps réel dans les parkings sécurisés, voire de fournir des dispositifs dissuadant le vol de marchandise ;

- Les véhicules privés pour les déplacements privés, voire les trajets domicile – travail. Au niveau de ce type, nous distinguerons deux catégories de déplacement :

• Les déplacements de courte distance pour, par exemple, aller faire ses courses, participer à des activités/loisirs locaux ou transiter de son domicile au travail. Ce type de déplacement ne demande pas beaucoup de supports, excepté des informations fiables sur les temps de parcours, la sélection de l'itinéraire le plus intéressant en fonction des préférences de l'usager ainsi qu'une évolution dynamique de cet itinéraire en fonction d'événements inopinés. La recherche d'une place de parking est également une application générale pouvant être proposée dans ce contexte. Orange a démontré une application intéressante d'aide à la recherche d'une place de parking lors du congrès mondial des ITS à Bordeaux en 2015. Le principe de cette application est que lorsqu'un véhicule libère une place de parking public, il diffuse une information à destination des véhicules évoluant à proximité. Si un véhicule est en recherche d'une place de parking, son système de navigation peut immédiatement prendre en compte cette information et guider le conducteur vers la place venant de se libérer. Le déploiement du véhicule automatisé de niveau 4 et 5 peut conduire au développement de nouveaux besoins pour aider le conducteur à occuper son temps en lui fournissant du multimédia ou/et en le supportant au niveau de ses activités professionnelles (bureautique) ;

• Les déplacements longue distance lors des vacances ou autres besoins privés. Ces déplacements sont le plus souvent familiaux et donc requièrent la satisfaction de divers besoins afin de rendre ces longs trajets moins fatigants. En particulier, il devient nécessaire de fournir des informations en temps réel sur les points d'intérêts obligatoires durant le voyage, tels que les stations-service, pour faire le plein d'énergie (en particulier pour les véhicules électriques et dans le futur les véhicules à hydrogène), les aires de repos, les restaurants et hôtels, etc. La diffusion d'informations multimédias en temps réel par des unités bord de route peut bien sûr faciliter les décisions à prendre relativement à ces POI en fonction de critères tels que : les disponibilités, les temps d'attentes, les coûts, les choix possibles, etc.

Le covoiturage est un service permettant de partager un véhicule entre plusieurs personnes effectuant des trajets voisins dans des créneaux horaires compatibles. Des sites spécialisés permettant de mettre en correspondance les offres et les demandes sont maintenant déployés et de plus en plus utilisés. On peut distinguer le covoiturage de personnes (ex : BlaBlaCar) du covoiturage de Colis (ex : Cocolis). Mais dans le futur, on pourra probablement optimiser ces fonctions de covoiturage en regroupant dans les mêmes véhicules des personnes et des colis. Les techniques d'optimisation, peut-être à base d'IA, seront alors les bienvenues.

Mobilité multimodale

Le développement de la multimodalité est certainement l'une des solutions au niveau de la réduction des embouteillages et donc de la protection de l'environnement, surtout si celle-ci se fait au profit de l'usage de véhicules « décarbonés » et n'émettant pas de particules.

Le problème réside principalement au niveau de l'efficacité du transit entre deux modes de transport (ex : véhicule privé – transport public, véhicule personnel – véhicule partagé, covoiturage, etc.). Ce problème du transit inclut les temps requis pour changer de mode de transport (disponibilité de places de parking sécurisées), la fréquence des passages de transports publics, la disponibilité garantie des moyens de transport alternatifs, les distances séparant les moyens de transport (place de parking du véhicule privé, du lieu de stationnement du moyen de transport alternatif), la fiabilité des informations liées aux transports publics et donc la fiabilité des services offerts par ces derniers. Dans certains cas, un mode de transport alternatif unique (ex : un transport public) n'est pas suffisant pour fournir un service de bout en bout équivalent à ce que peut fournir un véhicule privé. Dans ce dernier cas, il sera nécessaire d'obtenir une information complète enchaînant divers modes de transport pour assurer cette mobilité complète et ceci de façon acceptable par l'usager ayant des besoins et capacités particulières. À ce niveau, les ITS et en particulier les systèmes coopératifs peuvent diffuser des données en temps réels (voire multimédias) telles que :

- Les places de parking disponibles au niveau des points d'arrêts des transports publics (ex : parking P & R) ;
- Les points de stationnement des transports publics et les itinéraires locaux entre les places de parking et le point de stationnement ;
- Les horaires et fréquence des transports publics ;
- Les aléas impactant les transports publics, en particulier les grèves qui deviennent de plus en plus le mode de fonctionnement normal en France ;
- Une comparaison des temps de parcours en véhicule privé et en transport public, de bout en bout. Cela peut être particulièrement judicieux lors des gros embouteillages afin de convaincre les automobilistes de laisser leurs véhicules et de prendre les transports publics ;
- Une comparaison des coûts des deux modes de transport (public et privé) ;
- Certaines contraintes restreignant la circulation des transports privés (ex : niveau de pollution, fermetures de voies) ;

- Les taux d'occupation (niveaux de confort) des transports publics.

Il est à noter que le déploiement des véhicules automatisés dans les parkings (valets de parking) peut faciliter de façon avantageuse le transit entre deux modes de transport (ex : véhicule privé – transport public) :

- Je laisse mon véhicule privé, à partir du point de stationnement du moyen de transport public, aller se garer tout seul, en fonction des places disponibles connues par un gestionnaire de parking ;

- Quand je reviens, j'appelle mon véhicule (ex : via mon Smartphone) qui vient me chercher tout seul au point de stationnement du transport public.

Ou par exemple véhicule privé – véhicule électrique partagé :

- Je laisse mon véhicule en un point clairement signalé, celui-ci va se garer tout seul en fonction des places disponibles connues par un gestionnaire de parking ;

- Le gestionnaire de parking m'envoie un véhicule électrique qui vient se mettre à ma disposition au niveau du point signalé au départ.

<u>Note :</u> En attendant un déploiement généralisé du valet de parking, il est envisagé des véhicules particuliers pouvant charger facilement un véhicule automobile et le transporter au niveau d'une place de parking disponible et bien sûr l'inverse, c'est-à-dire ramener à son propriétaire un véhicule stationné lors de son retour.

Une solution qui semble se développer est le covoiturage. Lors du développement du projet national SCORE@F, Renault a démontré un nouveau cas d'usage des systèmes coopératifs traitant du covoiturage dynamique, encore appelé « auto-stop électronique ». Le principe de ce service est décrit sur la figure 2.4.4.1, il consiste :

• Pour le demandeur, à émettre une demande de covoiturage dynamique au moyen de son Smartphone vers un serveur dédié. Dans ce cas, il précise sa destination, ses caractéristiques (genre, âge, handicap éventuel, s'il est fumeur, etc.), s'il est prêt à participer financièrement au service et jusqu'à quel niveau, s'il a des contraintes particulières (bagages, animal) ou s'il est accompagné. Il peut également joindre une photo et un court message vocal d'accroche. Il peut communiquer un numéro de téléphone pour être rappelé. Sa position sera automatiquement associée à son message ;

• Sur réception de cette demande, le serveur dédié identifie les UBR se trouvant à proximité du demandeur (ex : dans un rayon de 10 km autour de lui) et leur communique une demande de diffusion générale de la requête de covoiturage, celle-ci contenant les informations communiquées par le demandeur ;

• Les véhicules passant à portée radio des UBR diffusant la demande recevront celle-ci et la communiqueront aux conducteurs ayant configuré leurs systèmes embarqués pour être informés de ces demandes. Dès qu'un conducteur accepte la demande, cette réponse est remontée au serveur dédié, soit directement via un réseau cellulaire, soit indirectement via une UBR ;

• Le serveur dédié peut donc informer le demandeur de l'acceptation de sa demande et lui communiquer les informations retournées par le conducteur lui permettant de repérer celui-ci ;

• La transaction peut être conclue par une évaluation par les deux parties de leur satisfaction respective relativement au service rendu.

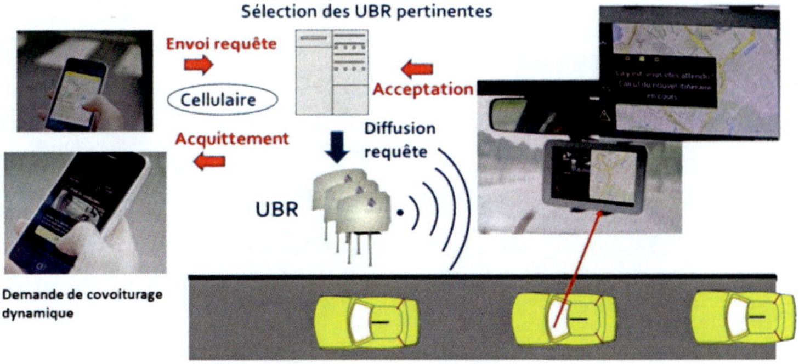

Figure 2.4.4.1 : Principe du covoiturage dynamique ou auto-stop électronique. Source : Auteur, dérivé du projet SCORE@F

Ce principe pourrait être également déployé pour faire une demande de taxi « help taxi ».

2.4.5 La protection des biens et des personnes

Le déploiement du véhicule automatisé permettra d'agir à distance sur celui-ci.

Cet aspect peut présenter un danger si ce type d'action n'est pas hautement sécurisé et réservé uniquement aux forces publiques pour immobiliser des véhicules volés, intercepter les transferts de drogue ou d'armes et agir en cas de menaces terroristes utilisant des véhicules, de violation du Code de la route (ex : véhicule à contresens). L'ETSI a démarré le développement d'un nouveau standard permettant de coordonner les manœuvres de plusieurs véhicules se trouvant dans une situation de risque de collision, à partir d'une UBR/d'un véhicule autorisé (MC service : manœuvre coordination service). Ce type d'action peut être imposé à tout véhicule conforme en déclenchant un freinage d'urgence pour un véhicule à conduite humaine ou une action d'arrêt sur un véhicule automatisé.

La détection, signalisation et interception de véhicules volés peuvent tirer avantage des systèmes coopératifs et véhicules automatisés de la façon suivante (figure 2.4.5.1) :

• Une liste actualisée des véhicules récemment volés peut-être diffusée par des unités bord de routes positionnées dans des endroits stratégiques (frontières, nœuds de circulation, entrées/sorties des villes, etc.) ;

• Lorsqu'un véhicule se reconnaît dans la liste diffusée, il peut se mettre à diffuser en continu l'information « je suis volé ». Cette information peut être intégrée dans les messages CAM standards (évolution de la norme) ;

• Cette diffusion d'information « je suis volé » peut-être captée par un véhicule de police en patrouille ayant une bonne perception de l'environnement routier et du contexte de circulation au niveau desquels le véhicule volé évolue ;

• Une interception du véhicule volé est donc rendue possible. Cette interception peut être facilitée par la prise de contrôle à distance du véhicule, l'obligeant à ralentir progressivement jusqu'à l'endroit où il pourra être immobilisé sans danger.

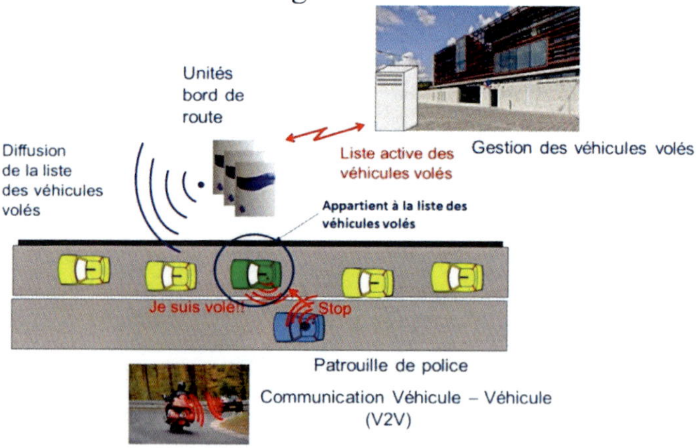

Figure 2.4.5.1 : Exemple de détection et d'interception d'un véhicule volé. Source : Auteur

Ce type d'application imposera à chacune de ses étapes une sécurisation extrême pour ne pas prendre le risque que ce processus soit détourné à des fins nuisibles.

2.4.6 Les applications de support au voyage

D'autres applications sont déjà intéressantes pour les longs déplacements en famille afin d'occuper le temps des passagers et donc fournir au conducteur plus de sérénité pour sa concentration à la conduite du véhicule. Ces applications multimédias peuvent avoir un contenu local, multimédia, faisant la promotion des patrimoines, coutumes, spectacles, événements locaux. Il peut s'agir de films ou d'émissions publicitaires ciblant les commerces locaux et leurs promotions du jour.

L'ETSI a entrepris de standardiser un message MCD (*Multimedia Content Dissemination*) permettant de transporter des informations multimédias de diverses natures (audio MP3, images JPEG, vidéo MPEG4, etc.).

Ces applications peuvent être intéressantes lors des périodes d'arrêt sur les aires de repos sur autoroute ou lors de l'acquisition d'énergie, en particulier lors des recharges des batteries de véhicules électriques.

Elles se généraliseront probablement lors du déploiement du véhicule automatisé pour les conducteurs. Elles pourront bien sûr également bénéficier des technologies cellulaires à haut débit telles que la 4G et la 5G.

2.4.7 L'appel d'urgence

L'appel d'urgence fait partie des applications de sécurité routière, mais il n'appartient pas à la catégorie de la sécurité active, puisqu'il ne contribue pas à éviter des collisions. Il fait partie de la sécurité passive, consistant à accélérer les secours une fois que l'accident a eu lieu.

Son objectif principal est de réduire les temps d'intervention à en moyenne 15 à 20 minutes et ceci avec le moins de dispersion possible (même dans les lieux isolés, la nuit, voire à des endroits difficilement identifiables visuellement (ex : en montagne)).

L'appel d'urgence présente au moins deux autres avantages :

- Permettre un meilleur dimensionnement des moyens de sauvetage à mettre en œuvre, facilité par les éléments de données contenus dans le MSD (type de véhicule, matière transportée, nombre de passagers, sévérité du choc (déclenchement manuel ou automatique via le déclenchement d'airbag), localisation, etc.) ;
- Fournir des données permettant une amélioration de l'accidentologie.

Ce service a été pendant longtemps l'objet de controverses et d'oppositions, en particulier alimentées par la France qui s'y est opposée. Mais la majorité des États membres de l'Europe a fini par avancer sur le sujet et le service est maintenant réglementé et est devenu obligatoire pour tout nouveau type de véhicule automobile à partir du mois d'avril 2018. Certains autres types de véhicules et en particulier les poids lourds et les motos suivront probablement au niveau de la réglementation.

Comme tout système ITS constitué d'éléments ayant des origines diverses, il a fallu définir un standard commun paneuropéen. Pour cela, la Commission européenne a demandé aux opérateurs de télécommunication de l'ETSI de préconiser la technologie à utiliser. La sélection s'est faite au niveau de la technologie appelée « In-Band modem », permettant de transmettre un jeu minimum de données (MSD : *Minimum Set of Data*) dans un canal audio supporté par un réseau numérique commuté CSTN (*Circuit Switched Telecommunication*

Network) tel que le 2G étant alors le seul disponible à l'époque du choix. Depuis, un nouveau standard a été développé pour prendre en compte l'évolution des réseaux cellulaires (4G, 5G) vers les réseaux à commutation de paquets (PSTN : *Packet Switched Telecommunication Network*).

Le principe de l'appel d'urgence est décrit par la figure 2.4.7.1 ci-dessous.

L'appel d'urgence est déclenché soit manuellement par un occupant du véhicule après un accident, soit automatiquement par l'un des capteurs de choc du véhicule (ex : lors du déclenchement d'un airbag). Dès qu'un déclenchement est détecté, l'unité de contrôle eCall du véhicule vérifie qu'il peut se connecter à un réseau localement disponible (CSTN ou PSTN) et si c'est le cas, il formate et émet un MSD vers la station de base accessible, cette dernière étant alors chargée d'identifier le PSAP (*Public Safety Answering Point*) qui aura été proposé par les services publics de l'État pour prendre en charge les eCall locaux reçus. Le MSD est alors routé vers le PSAP sélectionné qui peut établir une liaison audio avec le véhicule étant à l'origine de l'appel afin de préciser, dans la mesure du possible, la nature de l'accident et les effets de celui-ci.

Dès que le MSD est reçu, les secours peuvent être activés car ce message contient la localisation précise (GNSS) du véhicule accidenté, plus d'autres éléments de données pouvant être utilisés.

Le standard paneuropéen laisse une grande liberté aux États membres de la communauté européenne pour organiser leurs secours. Le premier contact (PSAP) peut être centralisé (comme en France) ou distribué au niveau régional, départemental, etc.

La France s'est inspirée de l'organisation initiale mise en place entre PSA et IMA (Inter-Mutuelles Assistance), qui a bien fonctionné un certain nombre d'années avant la standardisation de l'eCall. PSA a en effet été l'un des premiers constructeurs automobiles européens à offrir un service d'appel d'urgence à ses clients en développant son offre basée sur l'usage du GSM par l'émission de SMS fiabilisés. Cet existant a conduit par ailleurs la France à proposer un chemin de migration d'une solution eCall propriétaire vers une solution eCall standard, le TPS (*Third Party Support Service*). Cette solution a fait l'objet d'un standard européen (Réf 17).

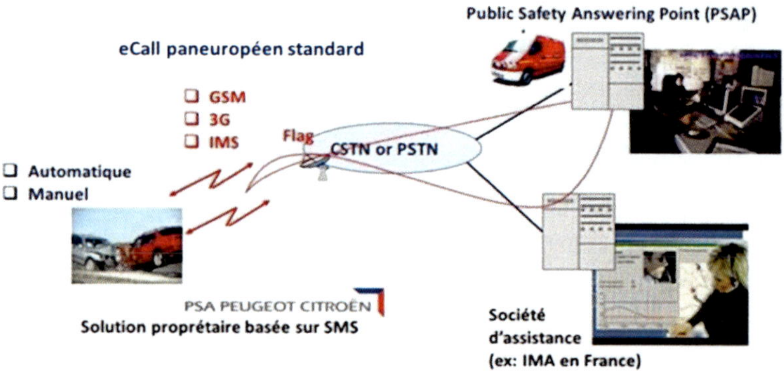

Figure 2.4.7.1 : Principe de l'appel d'urgence. Source : Auteur

D'autres constructeurs européens avaient également d'autres solutions privées non compatibles entre elles et vont donc, comme PSA, migrer progressivement vers la solution standard européenne (Réf 18, 19, 20, 21).

La France, après s'être opposée à la réglementation de ce service, a cependant été l'un des premiers pays à développer son organisation, permettant une opérationnalité dès l'application de la réglementation. Son organisation est efficace et est constituée d'un partenariat public – privé entre les ministères de l'Intérieur et des Transports et les assisteurs faisant partie la plupart du temps des compagnies d'assurances. En effet, de nombreux appels d'urgence manuels ne correspondent pas à de vrais appels d'urgence consécutifs à un accident. Ce sont des SOS qui peuvent requérir une assistance, mais n'entraînent pas forcément la nécessité de faire appel aux secours publics. Dans ce cas, le centre spécialisé dans les eCall pourra rapidement différencier les vrais appels liés aux accidents, qui pourront alors être redirigés vers les secours publics les plus proches, des autres appels.

Dans le cas d'un appel automatique, celui-ci ayant une forte probabilité d'être réellement le résultat d'un accident, il peut être directement communiqué aux services publics grâce à un « flag » positionné en début de MSD qui indique la nature de l'appel (manuel/automatique). Cet aiguillage peut être fait au niveau de la station de base du réseau cellulaire qui reçoit l'appel sous contrôle des pouvoirs publics de l'État.

2.5. LES SERVICES SUPPORTS

Les services supports sont également appelés « facilités » (*facilities* en anglais) au niveau du modèle de référence développé par les organismes de standardisation.

En principe, ces services sont offerts aux applications en fonction de leurs besoins. Actuellement on peut identifier cinq services principaux de base (voir figure 2.5.1), mais dans le futur, d'autres services supports seront probablement définis.

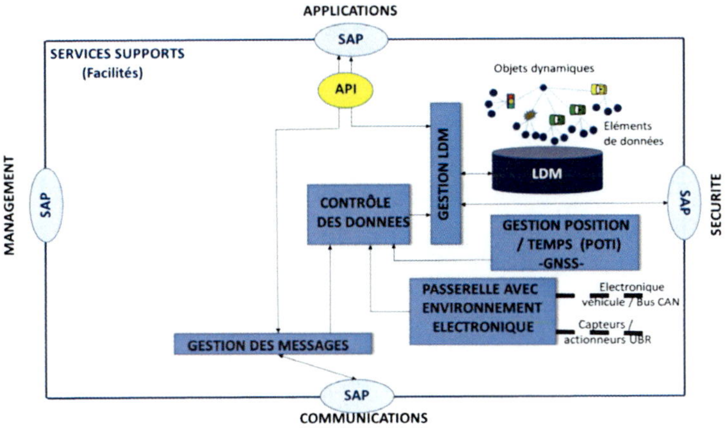

Figure 2.5.1 : Services supports principaux considérés par la normalisation. Source : Auteur

2.5.1 Le concept de cartographie locale dynamique (LDM)

Le concept de cartographie locale dynamique (LDM : *Local Dynamic Map*) a été développé dans le cadre du projet de recherche européen SAFESPOT, centré sur l'évitement de collision. Il a été repris par la suite par divers autres projets en Europe et en Asie. Ce concept consiste à ajouter à une cartographie numérique statique des éléments de données dynamiques et hautement dynamiques locaux caractérisant des objets mobiles dont les états sont évolutifs dans le temps.

Ces éléments de données sont rafraîchis en continu, en temps réel, en fonction de leurs perceptions recueillies par les objets coopérants. Les valeurs de ces éléments de données sont stockées dans une base de données (espace de travail) pouvant être partagée entre les diverses applications utilisatrices via une interface standard (API).

Les éléments de données dynamiques et hautement dynamiques de chaque objet perçu sont donc stockés dans la base de données en association avec des paramètres caractérisant la qualité des données, tels que la précision des valeurs collectées, le niveau de confiance que l'on peut accorder à ces données et à leur précision, la fraîcheur de ces données, etc. Cette base de données ne comprend pas, en principe, la cartographie numérique qui est, entre autres, utilisée par les systèmes de navigation.

Cependant, les objets contenus dans la LDM peuvent être présentés sur celle-ci (*map matching*) au conducteur, en temps réel (ex : positionnement temps réel de véhicules, de dangers routiers, etc.).

Ces objets dynamiques peuvent s'autosignaler (comme les véhicules qui diffusent des messages standards ou les feux tricolores qui diffusent leurs phases et leur timing) ou être signalés par d'autres objets (ex : les dangers routiers signalés par les véhicules et les unités bord de route).

Ce concept de LDM sera vraisemblablement déployé au minimum au niveau des véhicules et des éléments de l'infrastructure routière (ex : UBR, contrôleurs de feux de trafic). Ces éléments pourront alors échanger en temps réel leurs LDM, contribuant ainsi à accroître leurs propres perceptions.

Au niveau de la LDM, on peut conserver les valeurs du passé pendant un certain temps (*history*), les valeurs du présent et dans le cas de l'évitement de collision les prédictions des évolutions des objets (futur), de façon justement à éviter ces collisions, ce qui constitue un partitionnement temporel de la LDM en trois parties (passé, présent futur).

Les véhicules automatisés faciliteront les aspects de prédiction car ils auront à connaître dans le détail, via une cartographie numérique détaillée, les trajectoires successives qu'ils devront suivre au niveau des itinéraires programmés.

En fait, une cartographie locale dynamique peut être découpée en tranches de temps mémorisant le passé, le présent et anticipant l'avenir (voir figure 2.5.1.1 ci-dessous).

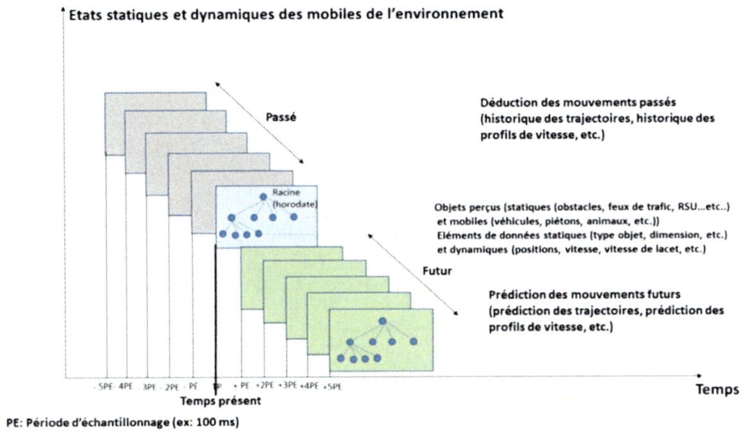

Figure 2.5.1.1 : Exemple de structuration d'une LDM. Source : Auteur

À partir de ces tranches de temps, on pourra alors déduire :

• L'historique des trajectoires des mobiles évoluant dans le réseau local ad hoc (c'est-à-dire dans notre environnement). L'un des usages peut être au niveau de l'accidentologie afin d'identifier les causes d'un accident. Cela se rapproche de la notion de boîte noire (ou autre couleur) utilisée au niveau de l'aéronautique ;

• L'historique des variations de quantité de mouvement des mobiles évoluant dans le réseau local ad hoc. Même usage que précédemment. Cela peut permettre également l'analyse des comportements des conducteurs dans des situations particulières (approche statistique et non personnalisée) ;

• La situation présente des mobiles en termes de positions et quantité de mouvement. Cela est utilisé pour l'analyse de risque ;

• La prédiction des trajectoires et quantité de mouvements des mobiles se trouvant dans notre environnement. L'usage peut alors être d'anticiper un risque de collision en agissant sur ces trajectoires et quantité de mouvements.

Les successions des tranches de temps permettent :

• La reconstitution des trajectoires passées (path history) et la prévision des trajectoires futures (path prediction) des mobiles ;

• La reconstitution des profils de vitesses (variations de vitesse des mobiles) passés et futurs.

Les données stockées dans la LDM sont systématiquement effacées au bout d'un certain temps (de quelques secondes à quelques minutes en fonction des besoins des applications (*clearing house*)).

2.5.2 Le contrôle des données

Encore appelé « contrôle de pertinence/contrôle de cohérence/contrôle de plausibilité », le contrôle des données est une fonction indispensable à une prise de décision d'évitement de collision. Si l'on n'a pas des données pertinentes au niveau desquelles on peut avoir une grande confiance, il faudra alors s'abstenir de prendre une décision d'évitement de collision (tolérance aux fautes). De façon plus générale, les données peuvent être caractérisées par un niveau de qualité prenant en compte les éléments suivants :

- La pertinence des données : est-ce que les données collectées sont pertinentes relativement à l'objectif de l'application (ex : évitement de collision) ? Par exemple, si le danger considéré n'est pas sur notre chemin ou si celui-ci est trop loin, il ne sera pas pertinent de le traiter. Il est à noter que lorsque l'on utilise un réseau de communication utilisant un mode d'adressage de type « diffusion (broadcast/multicast) » tel que le G5, le contrôle de pertinence peut être délocalisé au niveau le plus bas (véhicule). Par contre, si l'on utilise un mode d'adressage de type « point à point (unicast) » tel qu'un réseau cellulaire (ex : 3G/4G), alors on a intérêt à positionner cette fonction au niveau de l'ordinateur central (back-end) afin d'éviter d'envoyer une grande quantité de messages point à point à tous les véhicules transitant dans la cellule et ne cibler que les véhicules pertinents ;

- La cohérence/plausibilité des données : est-ce que les données collectées sont plausibles (ex : vitesse du véhicule 500 km/heure) et est-ce que ces données sont cohérentes entre elles au niveau d'un même message ou entre messages différents (ex : passage de la vitesse d'un véhicule de 10 km/heure à 100 km/heure en 100 millisecondes) ?

- La précision des données : la précision des données

dynamiques telles que les positions successives des véhicules qui permettent de déterminer leurs trajectoires respectives, mais également telles que leurs vitesses et variations de vitesses qui permettent d'estimer le temps disponible à l'action sont des éléments essentiels. Ces précisions doivent donc toujours être estimées, mais il est également nécessaire d'évaluer le niveau de confiance que l'on peut accorder à ces valeurs ;

• Le niveau de confiance à accorder aux données : le niveau de confiance à accorder aux données échangées est fonction de l'origine de ces dernières. Quand les données sont collectées par des automatismes fiables (ex : chaussée glissante, déclenchement d'airbag, freinage d'urgence, etc.) on peut accorder une grande confiance à celles-ci. Par contre, quand l'origine est humaine, il existe plusieurs risques principaux réduisant le niveau de confiance :

• Un humain peut volontairement signaler des événements n'existant pas (par amusement ou malveillance). Il s'agit alors d'un faux positif ;

• Lorsqu'un humain signale un événement existant, il peut s'écouler un certain temps entre la perception de l'événement et sa signalisation, conduisant à des données imprécises (ex : position de l'événement), d'autant plus que s'il s'agit du conducteur, celui-ci devra d'abord prendre en compte sa propre sécurité avant de signaler un événement aux autres ;

• L'absence de signalisation d'un événement constitue un faux négatif, ce qui peut être fréquent car un conducteur ou passager peut juger inintéressant de signaler un événement qui n'existe plus (ex : un véhicule immobilisé signalé par le système qui n'existe plus) ;

• Le niveau de fraîcheur des données : la fraîcheur des données est liée au temps écoulé entre la perception d'un événement générant des données et l'usage de celles-ci. Ce temps écoulé (temps de latence) rend obsolète les données si celui-ci est trop grand dans la mesure où plus le temps s'écoule et plus la situation change. Lorsque les données sont fournies par des communications en temps réel, le rafraîchissement de ces données (et donc leur âge) sera fonction de la fréquence des messages de mise à jour reçus. Si l'on perd des messages, les données mémorisées dans la LDM vieilliront jusqu'à devenir obsolètes (voir figure 2.5.2.1). Il est donc fondamental de limiter le nombre de messages perdus ou d'accroître la fréquence de diffusion de ceux-ci (redondances) afin de maintenir la fraîcheur des données à un niveau acceptable à une prise de décision fiable. Ceci est d'autant plus vrai que la dynamique (trajectoire, variation de la quantité de mouvement) du véhicule sera grande.

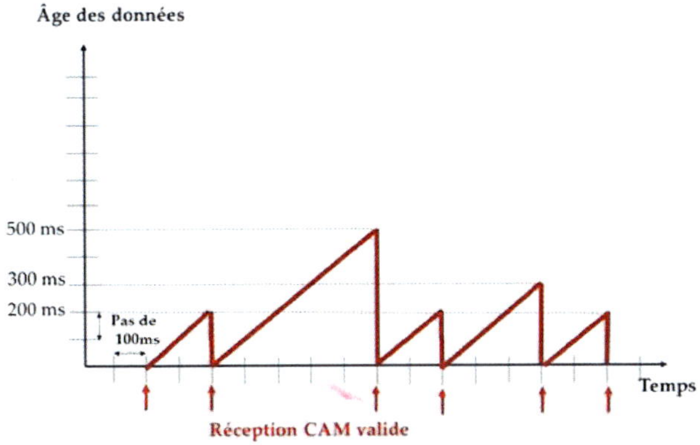

Figure 2.5.2.1 : Mesure de l'âge des données reçues via des messages CAM. Source : Auteur

__Note :__ En conséquence, pour chaque objet dont l'évolution est perçue par réception de messages (exemple : les messages standards CAM dans le cadre des systèmes coopératifs), on peut associer un âge calculé par comptage du temps écoulé entre la réception de deux messages successifs reçus. Cet âge sera alors pris en compte lors d'une prise de décision afin d'établir le niveau de confiance que l'on peut accorder aux données reçues.

2.5.3 La gestion de la position et du temps

La gestion de la position et du temps nous est fournie par une fonction appelée POTI (*Position & Time Management*). Cette fonction est principalement basée sur le calcul de position obtenu grâce aux constellations de satellites de positionnement telles que GPS, GLONASS, Galileo, etc. Cependant, actuellement, ces solutions ne sont pas assez précises et fiables et doivent être complétées (augmentées) par des systèmes de corrections terrestres (ex : EGNOS en Europe, WAAS aux États-Unis). On peut également être dans des situations où l'on ne peut pas recevoir ces signaux satellitaires (tunnels, villes ayant de grands buildings), dans ce cas, il devient nécessaire d'extrapoler les évolutions des véhicules en prenant en compte les évolutions de leurs distances (odomètre) et de leurs caps (gyromètre) depuis la perte des signaux de positionnement. Mais cela n'est valable que pendant des périodes de temps courtes.

La gestion du temps (horloge du système) nous est également accessible via une constellation de satellites qui nous donne un temps GMT (référence absolue) précis.

Cette référence absolue nous permet de mesurer en particulier les temps de latence liés aux communications entre objets mobiles, dans la mesure où tous les objets interagissant utilisent cette même référence. Il sera donc nécessaire de synchroniser les horloges internes des constituants du système au moyen de ce temps GMT.

Ces informations spatiales et temporelles sont indispensables à l'évaluation d'un risque de collision entre objets, elles doivent donc être fiables et précises. Le risque de collision est lié à une évolution spatio-temporelle de deux ou plusieurs objets entre eux. Il est donc nécessaire de positionner et de suivre ces objets les uns par rapport aux autres. Cela peut être réalisé en utilisant une cartographie numérique qui doit être suffisamment fiable et précise, ce qui n'est pas le cas actuellement. Aux États-Unis, ils utilisent un autre procédé en recréant une cartographie numérique virtuelle (constituées de voies virtuelles) déduite des trajectoires passées des véhicules (*path history*). Ces trajectoires (succession de points dont le nombre est fonction de la variation topographique) peuvent alors être lissées par l'élimination des points ne se trouvant pas dans la continuité de la trajectoire du véhicule (contrôle de plausibilité).

Les voies virtuelles sont alors recréées en prenant 1,50 m de part et d'autre de la trajectoire du véhicule (figure 2.5.3.1). Il est à noter que dans la plupart des cas, le point de référence de positionnement du véhicule est le milieu du pare-chocs avant. Cela entraînera donc une correction des données GNSS reçues en fonction de la position de l'antenne sur le véhicule. On peut alors reconstituer une cartographie numérique locale qui sera d'autant plus précise que les données GNSS seront précises.

Connaissant ces voies virtuelles, il devient alors possible de détecter des risques de collision si les trajectoires des véhicules évoluent dans les mêmes voies (collisions longitudinales par l'arrière ou frontale) ou si des véhicules auront à se croiser (collision aux intersections).

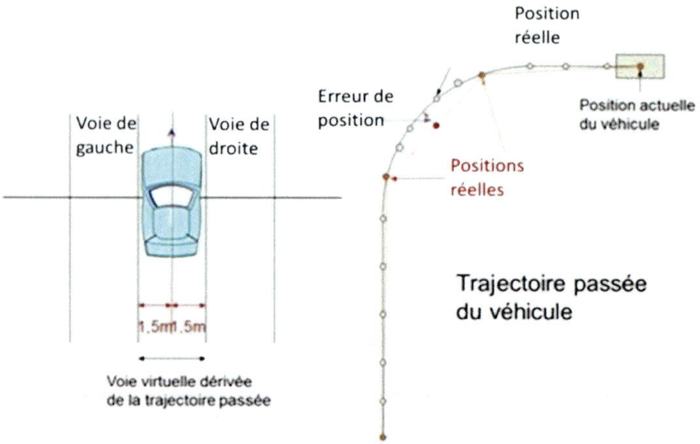

Figure 2.5.3.1 : Approche des États-Unis basée sur la reconstruction de voies virtuelles. Source : Auteur, dérivé du SAE

Note : Tous les messages diffusés par une source coopérative sont horodatés et contiennent donc leur heure de diffusion. Cela permet de mesurer de façon précise les temps de latence entre source et destination(s).

2.5.4 La gestion des messages

Les messages standards proposés par les organismes de normalisation permettent la coopération entre applications distribuées afin de rendre les services aux clients ciblés. La normalisation des messages échangés (codage, syntaxe et sémantique) est indispensable à l'interopérabilité entre les entités coopérantes pouvant provenir de diverses sources. Les applications sont fréquemment regroupées en classes partageant des messages communs.

Actuellement, les organismes de normalisation travaillent essentiellement sur les classes applicatives de gestion de la sécurité routière et de gestion du trafic routier.

Dans un futur proche, d'autres classes applicatives liées

à la mobilité ou aux loisirs seront considérées. De façon générale, cette fonction aura à traiter la construction des messages à envoyer, en conformité avec les normes utilisées et à traiter le décodage des messages reçus en conformité avec les normes utilisées. En Europe, l'ensemble des messages normalisés utilise le langage formel ASN.1 U PER (*Abstract Syntaxe Notation* 1 *Unaligned Packed Encoding Rules*) [Réf 7].

Des messages pour la sécurité routière

En Europe, deux messages dédiés à la sécurité routière ont été normalisés par l'ETSI, il s'agit :

- Du message CAM (Cooperative Awareness Message) [8]. Ce message horodaté est principalement utilisé pour faire de l'évitement de collision et contient donc un certain nombre d'éléments de données « hautement dynamiques » caractérisant la trajectoire du véhicule, sa quantité de mouvement et plus généralement sa dynamique. Des données statiques et semi-statiques sont également communiquées (figure 2.5.4.1.1). Ces messages sont diffusés en continu par les véhicules équipés à une fréquence comprise entre 1 et 10 hertz en fonction du niveau de criticité des situations routières dans lesquelles se trouvent les véhicules équipés ;

- Du message DENM (Decentralized Environmental Notification Message) [9]. Ce message horodaté est principalement utilisé pour signaler les événements inopinés détectés automatiquement par les véhicules ou signalés par les conducteurs de façon manuelle. Ces messages sont donc événementiels, leurs durée et fréquence sont fonctions de la nature de l'événement signalé (cause, sous-cause). Ces messages contiennent la localisation de l'événement, son origine, sa caractérisation, une durée estimée, etc. (figure 2.5.4.1.2).

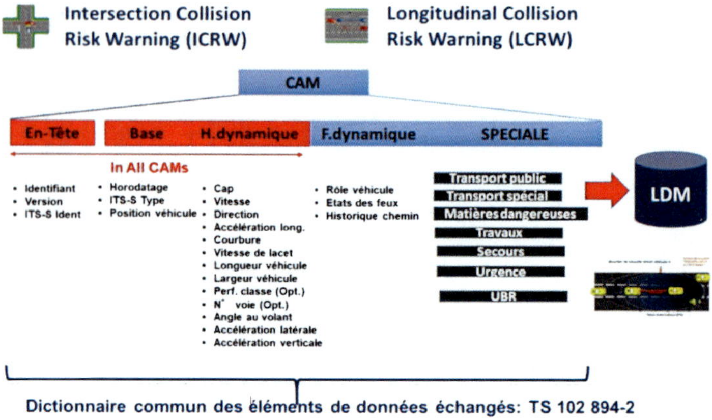

Figure 2.5.4.1.1 : Structure et contenu des messages CAM.
Source : Auteur, dérivé du standard ETSI

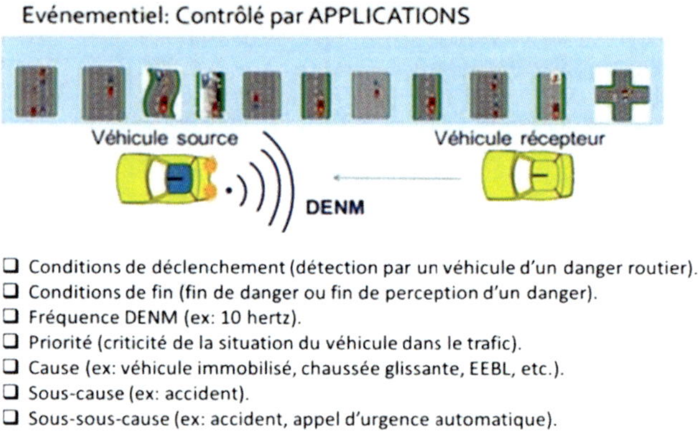

Figure 2.5.4.1.2 : Principe de d'usage des DENM.
Source : Auteur, dérivé du standard ETSI

Les éléments de données utilisés dans les messages CAM et DENM sont spécifiés dans la norme ETSI TS 102 894-2 [10], qui fournit un dictionnaire des données (CDD : *Common Data Dictionary*) développé en commun entre l'ETSI européen et le SAE américain. Ce dictionnaire des données doit être mis à jour fréquemment afin d'en intégrer de nouvelles.

De nouveaux messages sont en cours de normalisation au niveau ETSI, en particulier pour le développement des véhicules automatisés. Il s'agit :

- Du CPM (Collaborative Perception Message) qui peut être utilisé par une UBR ou un véhicule coopératif afin de diffuser des éléments de données relatifs à des objets statiques ou mobiles qu'ils détectent, mais peuvent ne pas être perçus directement par les autres véhicules (ex : un piéton dont le déplacement est occulté par un autre véhicule tel qu'un bus en stationnement). Dans ce cas, il s'agit juste d'enrichir les perceptions de certains véhicules dont la perception autonome n'est pas suffisante ;

- Du MCM (Manœuvre Coordination Message) qui peut être utilisé par une UBR ou un véhicule autorisé pour agir directement sur les manœuvres d'un ou plusieurs véhicules dont les évolutions présentent un danger. Les instructions contenues dans ce type de message peuvent être impératives (cela revient à prendre le contrôle d'un véhicule à distance locale) ou laissées à la décision des véhicules les recevant. Si les instructions sont impératives, la source doit bien sûr présenter une autorisation spéciale (certificat) et être particulièrement protégée. Le standard est actuellement très évolutif et prévoit également une coopération entre véhicules (V2V) pour négocier leurs propres trajectoires et quantité de mouvements lors d'une manœuvre qui doit être coordonnée (ex : insertion dans une voie). Cette phase de négociation doit cependant être rapide et probablement basée sur des règles communes à définir ;

- Un nouveau message sera vraisemblablement nécessaire pour développer la protection des vulnérables (V2P). La création d'une task force financée par la

Commission européenne est l'une des possibilités. En Asie, et particulièrement au Japon, ce sujet est très à la mode.

Des messages pour la gestion du trafic routier

Si l'ETSI s'est concentré sur le développement des messages pour la sécurité routière, le CEN TC 278 WG16, en coopération avec l'ISO TC 204 WG18, s'est concentré sur le développement des messages venant en support à la gestion du trafic routier. Plusieurs standards ont été récemment publiés, considérant aussi bien les milieux urbains que les milieux interurbains et autoroutiers. Il s'agit de :

La diffusion des vitesses contextuelles

Depuis longtemps, les constructeurs automobiles travaillent sur et proposent des régulateurs/adaptateurs de vitesse ayant la capacité de limiter automatiquement la vitesse du véhicule à une consigne de vitesse correspondant à la limite de vitesse imposée ou à une vitesse plus faible que celle-ci. On peut améliorer ce service en développant un adaptateur de vitesse « intelligent » (ISA : *Intelligent Speed Adaptation*) ayant la capacité de s'adapter automatiquement, dynamiquement, non seulement aux limites de vitesse imposées, mais prenant également en compte des recommandations de vitesses contextuelles (ex : en cas de pollution, de conditions atmosphériques défavorables, pour la régulation du trafic, pour faciliter l'insertion d'un véhicule ou éviter une collision, etc.). Le problème est alors de communiquer dynamiquement aux véhicules des consignes de vitesses (limites ou recommandations) fiables permettant cet ajustement des vitesses. Ces consignes de vitesse peuvent être fournies au niveau de la cartographie (difficiles à mettre dynamiquement à jour et imposant la connectivité globale à tous les véhicules), par accès à une base de données (celle-ci devant également être mise à jour en temps réel au niveau européen et imposant également une connectivité globale). Elles peuvent également être fournies dynamiquement par l'infrastructure routière (unités bord de route). Cette dernière solution semble la plus réaliste dans la mesure où :

- Les progrès technologiques et la production de masse de composants devraient rendre les coûts des unités bord de route tout à fait acceptable à un déploiement suffisant pour couvrir le territoire européen ;
- Ces unités bord de route seront gérées par les autorités locales ayant les connaissances et capacités requises pour une mise à jour, à distance, des vitesses limites/contextuelles à respecter. Ces mises à jour pouvant se faire à distance par des consignes envoyées à partir d'un centre de gestion rudimentaire à faible coût ;
- On n'est pas obligé de couvrir tout le territoire avec des unités bord de route, seules les zones dangereuses et les endroits stratégiques (entrées/sorties de routes, ronds-points/intersections, etc.) peuvent être pris en considération.

C'est la solution qui est privilégiée par la normalisation avec le développement au niveau du CEN TC 278 WG16/ISO TC 204 WG18 de la norme ISO TS 17426 [Réf 11]. Cette solution deviendra indispensable au déploiement du véhicule automatisé qui non seulement devra respecter les limites de vitesse (le Code de la route), mais également prendre en compte les recommandations de limites de vitesse contextuelles (liées au contexte environnemental/de circulation).

On peut également imaginer que le véhicule intelligent prenne en compte l'état de vigilance du conducteur

pour limiter automatiquement la vitesse maximum du véhicule de ce dernier en fonction de cet état (voire interdire la conduite (limite de vitesse zéro) si l'état du conducteur est trop dégradé). L'état de vigilance du conducteur peut être détecté par plusieurs moyens pouvant être combinés (par une caméra pointée sur le visage du conducteur et observant le clignement de ses paupières, par les variations de l'angle au volant, par la moiteur de ses mains, etc.).

La diffusion des panneaux à messages fixes et variables (PMV)

La diffusion des panneaux à messages fixes et panneaux à messages variables fait également l'objet d'une norme développée au niveau du CEN TC 278 WG16/ISO TC 204 WG18, la norme ISO TS 17425 [Réf 12]. Cette norme, comme la précédente, a été préparée dans le cadre du projet expérimental national SCORE@F (voir figure 2.5.4.2.1). Son usage est la possibilité de présenter au conducteur, directement au niveau de son IHM, les panneaux routiers à messages fixes et à messages variables. Le bénéfice sera pour le conducteur d'accroître la perception de ces panneaux qui, sur la route, peuvent être masqués par des obstacles (ex : autres véhicules) ou par le manque de visibilité (brouillard, pluie, obscurité). Le bénéfice pour les gestionnaires routiers sera, lorsque tous les véhicules seront équipés, de pouvoir supprimer ces panneaux et donc réduire aussi bien les investissements que les frais de maintenance associés tout en préservant le paysage. Cela peut constituer des économies importantes pouvant être alors utilisées afin d'accroître la densité des unités bord de route.

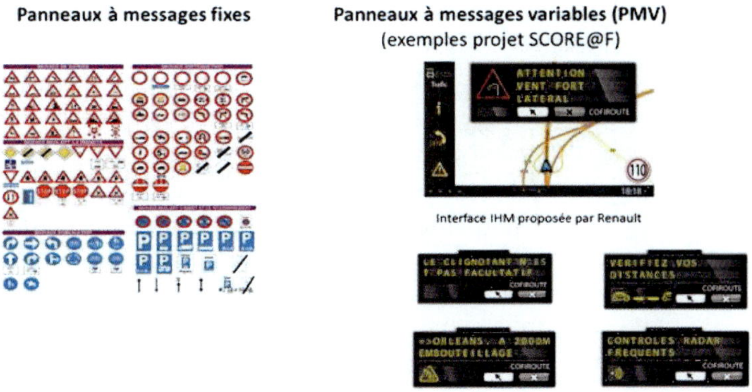

Figure 2.5.4.2.1 : Panneaux à messages fixes et variables.
Source : Auteur, dérivé du projet SCORE@F

La diffusion des phases et du timing des feux de circulation

La diffusion des phases et du timing (SPAT & MAP) est standardisée par le CEN TC 278 WG16/ISO TC 204 WG18 [Réf 13, Réf 14], en coopération avec le SAE américain [Réf 15].

Le principe est basé sur la diffusion périodique (ex : toutes les secondes) des états des feux de trafic (ensemble des signalisations, y compris les passages piétons) considérés et des durées restantes avant changement d'états (SPAT : *Signal Phase And Timing*). La délimitation des zones contrôlées par les feux considérés est communiquée par la carte numérique associée (MAP). Cela permet d'anticiper les changements d'états au niveau des véhicules et en particulier lors des passages du vert à l'orange ou du rouge au vert. Cette fonction permet le développement de nouveaux services testés et démontrés lors de récents projets expérimentaux et de prédéploiement (ex : projet européen COMPASS 4D à Bordeaux). Les services présentés sont :

- La signalisation d'une violation d'un feu rouge lorsqu'en fonction du temps restant avant passage de l'orange au rouge, le véhicule se trouve à une certaine distance du feu et évolue à une vitesse telle qu'il ne pourra pas s'arrêter à temps ;

- L'onde verte ou GLOSA (Green Light Optimal Speed Advisory) permettant d'indiquer aux conducteurs la vitesse optimale à adopter pour passer un ensemble de feux synchronisés au vert. Le maintien constant d'une vitesse proche de l'ordre de 70 kilomètres/heure permet d'optimiser la consommation de carburant et donc de réduire d'autant le niveau de pollution généré ;

- Le stop/start au feu permet d'anticiper le passage au vert de façon à redémarrer le moteur. Cet aspect est particulièrement intéressant au niveau des véhicules dotés d'une boîte automatique, lesquels requièrent plus de temps pour être en état d'avancer.

La diffusion d'itinéraires recommandés

La communication directe entre gestionnaires routiers et usagers de la route via l'infrastructure routière permet un guidage en temps réel par diffusion d'itinéraires recommandés en fonction des densités d'occupation des divers chemins conduisant d'un point A à un point B.

L'un des principaux problèmes à surmonter sera pour la gestion du trafic au niveau de ces chemins qui peuvent être sous la responsabilité de divers gestionnaires routiers (exemple en France : ville, région, État, autoroute concédée à un gestionnaire privé). Il faudra donc créer une coopération efficace entre ces divers gestionnaires routiers via une interconnexion de leurs systèmes de gestion de trafic. La possibilité de collecter en temps réel l'état du trafic routier grâce aux véhicules sondes (*probe vehicles*), qui diffuseront leurs messages standards, permettra d'obtenir une gestion dynamique des flux de véhicules de façon à équilibrer les charges sur les différentes routes du réseau maillé.

Actuellement, il n'existe pas de norme permettant de diffuser des itinéraires recommandés. Par contre, ce concept a été testé au niveau du projet SCORE@F en utilisant des messages contenant des points de passage obligatoires (*waypoints*) utilisés pour reprogrammer les systèmes de navigation des véhicules équipés. Bien sûr, avant une reprogrammation de l'itinéraire, il sera proposé au conducteur un nouveau chemin devant lui permettre de gagner du temps. On peut cependant noter que :

- On devra ajuster dynamiquement les itinéraires recommandés en fonction des évolutions en temps réel des densités de véhicules au niveau du réseau routier maillé, de façon à éviter de déplacer les bouchons d'un itinéraire sur un autre ;
- Si l'on a des autoroutes à péage faisant partie du réseau maillé, il serait alors souhaitable de moduler le péage en fonction des besoins de délestage, de façon à inciter les conducteurs à emprunter l'autoroute. Un abaissement significatif du montant du péage peut être compensé pour le gestionnaire routier par un accroissement significatif du nombre de clients empruntant son autoroute.

2.5.5 Les passerelles d'accès à l'environnement local

Les stations ITS qui sont intégrées dans les objets liés au transport doivent se nourrir de données provenant des environnements locaux (ex : environnement véhicule, environnement routier), afin d'une part de collecter des données en temps réel et d'autre part éventuellement d'agir sur ces environnements (ex : véhicule automatisé ou évitement de collision). En particulier, le véhicule est la cible de pressions commerciales afin que son électronique embarquée puisse être ouverte via des passerelles standardisées. Les constructeurs de véhicules automobiles sont bien sûr opposés à cette ouverture généralisée, d'une part afin de conserver la possibilité d'usage et de commercialisation exclusive des données véhicules, mais également, d'autre part, afin de limiter les risques d'attaques externes rendues plus faciles si l'accès à l'électronique interne du véhicule est ouvert. Par ailleurs, il est clair que les accès à l'électronique interne du véhicule évolueront dans le temps, obligeant ainsi les constructeurs à mettre à jour en permanence ces passerelles si celles-ci devenaient obligatoires.

Il ne paraît donc pas raisonnable d'imposer une telle approche de façon généralisée sans de bonnes raisons (applications sociétales cibles), d'autant que la propriété des données générées par l'électronique interne du véhicule, une fois celui-ci vendu à un client, peut ne plus être celle du constructeur, mais celle du client. Les données générées sont par ailleurs très liées à la vie privée du client et à ses comportements en termes de conduite automobile.

On assiste donc à un débat au niveau international en ce qui concerne l'ouverture de l'accès aux données électroniques du véhicule via des passerelles normalisées. Mais l'on voit également que les constructeurs de véhicules font un effort pour diffuser des données provenant de leurs environnements électroniques (ex : CAM, DENM, BSM, etc.), que ce soit pour améliorer la sécurité routière ou pour contribuer à la gestion du trafic routier. Cet effort peut bien sûr être étendu afin de diffuser des données liées aux capacités du véhicule à préserver l'environnement (niveau de pollution, profil de conduite du conducteur, etc.). Ce débat montre bien les paradoxes rencontrés et défendus par les diverses parties entre :

- Ouverture généralisée des données et accès à l'électronique au véhicule afin d'encourager le développement de nouvelles offres commerciales au niveau d'un marché ouvert à tous ;

• Respect de la vie privée des usagers, celle-ci pouvant être mise en danger à travers l'accès ouvert aux données générées par les déplacements de ces usagers ;

• Protection de la vie des usagers et de leurs biens (véhicules) en régulant de façon drastique l'accès à l'électronique embarquée du véhicule. Cet aspect est particulièrement aigu au niveau du véhicule automatisé. Des prises de contrôle de véhicules rapportées récemment montrent bien la réalité de ce problème ;

• Possibilités données aux forces de l'ordre d'interception de véhicules volés ou utilisés de façon dangereuse, en particulier lorsque ces véhicules seront automatisés.

2.6. LE VÉHICULE AUTOMATISÉ ET LES SYNERGIES IMPOSÉES

Le marché, la sûreté de fonctionnement, la réglementation imposeront des synergies entre diverses technologies et architectures système. Quelques-unes de ces synergies sont explorées ci-dessous.

2.6.1 L'intégration au niveau de la délégation de conduite (Automatisation du véhicule)

La délégation de conduite à l'électronique embarquée d'un véhicule est la base du véhicule dit « automatisé ». Ce véhicule, dont la conduite est automatisée, devient un véritable robot capable de se déplacer, en fonction de consignes reçues, de façon relativement autonome (sauf dans les cas où sa perception autonome n'est pas suffisante à l'évitement de collision). Cette automatisation ou délégation de conduite ne sera rendue possible que dans la mesure où un certain nombre de fonctions supportées par des technologies différentes seront disponibles, celles-ci assurant une grande sûreté de fonctionnement, c'est-à-dire offrant une grande fiabilité et tolérance aux fautes de telle sorte que quel que soit le mode de défaillance (panne interne ou attaque externe), les effets de celle-ci ne puissent conduire à un accident.

La société des ingénieurs de l'automobile a essayé de classifier les niveaux d'automatisation d'un véhicule

(SAE J3016). On peut alors distinguer les 6 niveaux suivants :

- Niveau 0 – aucune automatisation : le véhicule est toujours sous contrôle du conducteur en termes de trajectoire et de vélocité, ceci même s'il existe une possibilité d'alerte du conducteur ou d'une intervention du système (ex : ABS, ESP) ;

- Niveau 1 – Assistance du conducteur : la conduite du véhicule est partagée entre le conducteur et des éléments automatisés du système, soit en termes de trajectoire, soit de variation de la vélocité (ex : freinage d'urgence). Le conducteur réalise toutes les autres fonctions de contrôle dynamique du véhicule ;

- Niveau 2 – Automatisation partielle : la conduite du véhicule est exécutée par une ou plusieurs fonctions automatisées, que ce soit en termes de contrôle de la trajectoire et de la vélocité du véhicule. Le conducteur humain reste responsable des autres aspects dynamiques du véhicule ;

- Niveau 3 – Automatisation conditionnelle : la conduite du véhicule est exécutée complètement par le système automatisé, avec la contrainte pour le conducteur d'avoir la capacité de reprendre le contrôle du véhicule sur demande du système automatisé. Cette demande doit cependant être raisonnable et anticipée.

- Niveau 4 – Haut niveau d'automatisation : la conduite du véhicule est complètement déléguée au système automatisé dans le cadre d'un environnement dit « propre », c'est-à-dire partiellement réservé. Le conducteur n'est plus obligé de répondre à une sollicitation du système automatisé pour reprendre le contrôle du véhicule. Réglementairement, au niveau français, il n'est plus obligatoire d'avoir un conducteur dans le véhicule, mais celui-ci doit rester supervisé à distance.

• Niveau 5 – Automatisation complète : la conduite du véhicule est complètement automatisée dans un environnement routier habituellement ouvert aux conducteurs humains. À vérifier si dans le futur la réglementation n'imposera pas une personne en situation de pouvoir conduire dans un véhicule complètement automatisé ou une supervision distante...

Les principales fonctions à considérer au niveau du véhicule à délégation de conduite sont (voir figure 2.6.1.1 ci-dessous) :

• La navigation : cela consistera à indiquer de façon détaillée au véhicule autonome le chemin (itinéraire) qu'il aura à suivre pour aller d'un point de départ A à un point d'arrivée B. Pour un véhicule routier, cela consistera à décrire une succession de points (principalement longitudes et latitudes) par lesquels il devra passer, prenant en compte l'existence des routes pouvant être empruntées ainsi que leurs caractéristiques et réglementations. Pour cela, on aura besoin de cartographies précises et d'un système de positionnement dont la précision devra être meilleure que 10 cm. Il est bien sûr possible, à défaut de ces technologies ou du manque de précision de ces dernières, d'utiliser d'autres technologies/dispositifs, soit par exemple, un marquage horizontal sur les routes, le positionnement relativement à des balises disposées le long des routes, etc.

• Mais ces technologies complémentaires ont des inconvénients aussi bien techniques (ex : marquage effacé ou temporairement inexistantes (neige)) qu'économiques. La planification devra bien sûr utiliser les systèmes de navigation existants, mais ceux-ci devront intégrer le niveau de détail requis au niveau du chemin suivi par le véhicule afin que celui-ci reste dans les voies existantes et puisse amorcer ses changements de direction sans mordre sur les autres voies (excepté lors des changements de voie). En particulier, la difficulté sera principalement au niveau des courbes et des intersections lorsque le véhicule devra tourner à droite ou à gauche. Ce système de planification devra être très réactif en fonction des événements inopinés pouvant survenir le long de l'itinéraire planifié, mais également des variations des densités de trafic. Il sera donc connecté et devra posséder des capacités de reconfiguration dynamique. Il devra également être complété pour couvrir tous les territoires européens, même au niveau des petits villages qui sont actuellement pauvrement considérés.

• La perception : un véhicule devra partager la route avec les autres et avec les vulnérables (piétons, animaux, cyclistes, etc.). Par ailleurs, il devra détecter et éviter les obstacles pouvant être rencontrés (travaux, véhicules immobilisés, débris divers, chutes de pierres, congères, etc.). Il devra rester sur le chemin planifié et prendre toutes les précautions requises s'il doit changer de chemin planifié lors d'un dépassement ou d'un évitement d'obstacle ou de collision. Cela signifie que le véhicule devra être doté de moyens de perception à 360°, de façon à obtenir une perception totale de son environnement et ceci sur des distances étant fonction de sa vélocité. Dans la majorité des situations routières, cette perception pourra être obtenue par des technologies intégrées au véhicule (caméras, radars, lidars, etc.). Mais, dans un certain nombre de situations (intersections, hauts de côtes, courbes, masquages, amorce d'un dépassement, etc.) ces moyens autonomes ne seront plus suffisants et le véhicule devra compter sur une augmentation de sa perception à travers une coopération avec les autres véhicules et des éléments d'infrastructure routière (unités bord de route, contrôleurs de feux de trafic, etc.). En conséquence, cette fonction ne pourra être pleinement réalisée qu'à travers une fusion de données (synergie) entre les données captées par le véhicule lui-même grâce à ses divers capteurs (perception autonome) et les données reçues des autres véhicules (communications V2V) et de l'infrastructure routière (I2V). La perception inclut bien sûr d'une part la détection et caractérisation d'un certain nombre d'objets statiques et mobiles (un vulnérable, une moto, un véhicule automobile, un camion, un train, etc.), mais également une caractérisation de sa trajectoire et de sa quantité de mouvement (vitesse, variation de vitesse et estimation de sa masse).

• L'analyse de risque : cette fonction est indispensable à l'évitement de collision, que ce soit avec un autre véhicule, un vulnérable, un obstacle sur la route ou avec l'infrastructure routière. Elle reposera sur une perception totale de l'environnement du véhicule dont on devra en permanence évaluer le niveau de confiance à lui accorder. Le niveau de confiance à accorder aux résultats de la perception pourra être accru à travers la redondance des données collectées, dans la mesure où celles-ci ne sont pas contradictoires (ex : données de perception autonome et données de perception coopérative). C'est donc un argument important conduisant à la création de redondances, que ce soit au niveau de la perception autonome du véhicule ou de la perception coopérative. Si le niveau de confiance obtenu n'est pas suffisant, il ne sera pas possible de passer à la décision, à moins de trouver une solution d'évitement de collision ne présentant aucun risque d'un autre type de collision. Par exemple, le déclenchement d'un freinage d'urgence ou une abstention de changement de voie pourrait être envisagé en fonction des données de perception collectées. L'analyse de risque peut être déclenchée lorsque la perception conduit à détecter qu'au moins deux véhicules suivent des trajectoires les conduisant à une zone de collision et que leurs vitesses relatives indiquent une certaine probabilité d'une présence simultanée de ces véhicules au niveau de cette zone dans un délai court (quelques secondes). Il est cependant à noter que l'on a intérêt à démarrer l'analyse de risque le plus tôt possible, de façon raisonnable, afin d'avoir une plus grande liberté d'action, permettant plus de confort au niveau des passagers pour l'évitement de collision (ex : évitement autant que possible des freinages d'urgence).

• La stratégie d'évitement de collision : cette fonction consistera, à partir des résultats de l'analyse de risque, à déclencher au bon moment la meilleure action d'évitement de collision, de façon cohérente avec les actions pouvant être déclenchées par les autres parties susceptibles d'être impliquées dans la collision. Chaque situation particulière devra donc être l'objet d'une analyse basée sur des règles définissant des comportements cohérents. Par exemple, au niveau d'une intersection, il peut être contre-productif de déclencher un freinage d'urgence au niveau des deux véhicules pouvant être impliqués dans une collision, alors qu'en agissant sur un seul, on pourra parfaitement éviter celle-ci. Si agir sur un seul véhicule est suffisant pour éviter une collision, on pourra alors retenir la règle applicable au niveau du Code de la route en fonction des priorités respectives des véhicules ou une règle minimisant un risque de collision par l'arrière lors d'un freinage d'urgence. Les actions possibles sont donc des changements de trajectoire, des variations de vitesse, voire des abstentions de changement de trajectoire applicables à un ou plusieurs véhicules étant en situation de risque de collision. Le mixte de véhicules ayant des capacités différentes (niveaux d'automatisation) imposera pendant longtemps un foisonnement des situations à prendre en compte. L'IA devra alors vraisemblablement être largement utilisée à ce niveau.

• L'action d'évitement de collision : cette fonction est l'application, par le système électronique du véhicule, qui contrôle aussi bien la vitesse que les mouvements de ce dernier, de la décision d'évitement de collision prise. L'action peut être déclenchée très rapidement. Par contre, il faudra anticiper celle-ci de façon à prendre en compte l'inertie de son application liée à la vitesse du véhicule et à sa masse (quantité de mouvement). Il faudra également prendre en compte l'effet d'une décélération/accélération sur les occupants du véhicule ainsi que l'effet du mouvement de véhicule de façon à lui maintenir une trajectoire contrôlée lors de l'action (limiter la vitesse de lacet).

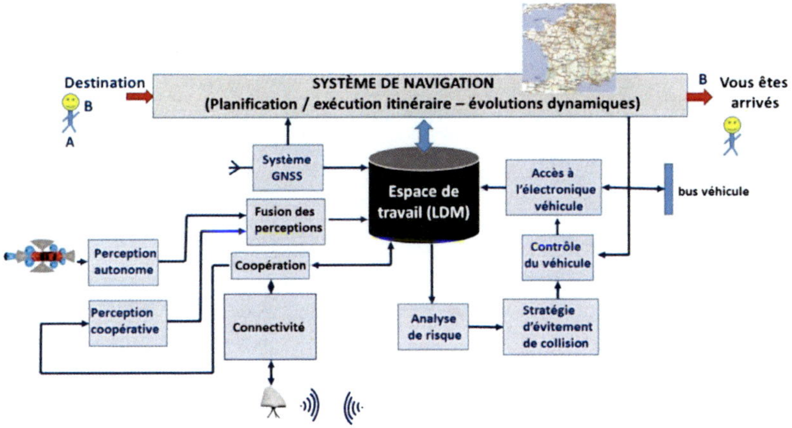

Figure 2.6.1.1 : Modèle conceptuel, fonctionnel du contrôle d'un véhicule automatisé. Source : Auteur

Il est à noter que les quatre dernières fonctions seront identiques pour le déclenchement d'un évitement de collision au niveau d'un véhicule n'étant pas automatisé (3e étape envisagée au niveau de la sécurité routière).

On peut également noter que ces fonctions peuvent être réparties différemment au niveau d'un système intégrant des véhicules et une infrastructure routière intelligente, cette dernière pouvant avoir des possibilités de contrôle partiel ou total de véhicules étant en situation de risque de collision. Cette approche peut être justifiée si les véhicules concernés ont une perception pauvre de leur environnement, dans le cas où un arbitrage est nécessaire pour réguler le trafic et dans une situation dangereuse (ex : défaillance, terrorisme) entraînée par un comportement malveillant du conducteur ou du véhicule.

Cette répartition de l'intelligence peut également être remise en cause par le déploiement d'une nouvelle génération de réseaux cellulaires (ex : 5G), dans la mesure où cette technologie est capable de respecter les exigences du véhicule automatisé en termes de temps de latence. La figure 2.6.1.2 ci-dessous fournit un exemple de répartition de l'intelligence entre véhicule et serveurs (Edge) se trouvant dans les cellules traversées.

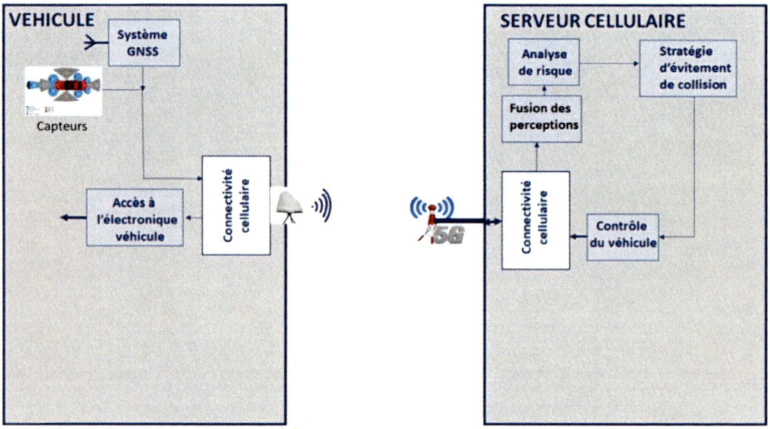

Figure 2.6.1.2 : Exemple simplifié de répartition de l'intelligence au niveau central. Source : Auteur

Cet exemple est un « pire cas » basé sur une grande partie de l'intelligence du système étant centralisée. Ce pire cas a cependant peu de chance d'exister car il faudrait non seulement que toutes les cellules soient équipées d'un serveur supportant les véhicules automatisés, mais également que tous les véhicules en circulation puissent être perçus par chaque serveur lorsqu'étant dans la cellule considérée, soit directement, soit indirectement via des UBR connectées au serveur.

Par contre, l'on peut bien sûr imaginer diverses répartitions de l'intelligence entre les véhicules, l'infrastructure routière et les serveurs se trouvant dans les cellules. Pour l'évitement de collision, des serveurs répartis dans le cloud ne sont pas pertinents à cause des temps de latence intrinsèques aux limites de la vitesse de la lumière.

Bien sûr, la sûreté de fonctionnement du système (laquelle n'est pas représentée au niveau de la figure 2.6.1.1) devra être assurée à divers niveaux à travers des contrôles de pertinence des données reçues, de cohérences des données dans le temps et lors de redondances de celles-ci et de plausibilité des valeurs des données. Cela devrait permettre la détection de comportements anormaux et donc la mise en œuvre de stratégies de tolérance aux fautes.

La certification du véhicule automatisé, avant sa mise sur le marché, sera une étape critique de son cycle de vie. Il faudra alors développer les procédures de test et d'essais ainsi que les moyens associés de façon optimum, permettant d'une part d'obtenir un niveau de confiance suffisant s'agissant du produit et d'autre part, de rester dans des délais et des coûts raisonnables. Il devient alors évident que cela ne permettra pas d'effectuer l'ensemble des essais nécessaires afin de couvrir toutes les situations environnementales de topographie de route, de trafic, d'événements inopinés, de conditions atmosphériques, etc. pouvant être rencontrées par le véhicule automatisé pendant sa vie opérationnelle.

Une solution peut être alors de spécifier un ensemble de vérifications comportementales du véhicule automatisé dans les situations les plus fréquemment rencontrées et de continuer à monitorer les comportements des véhicules automatisés en service de façon à détecter et corriger tout comportement anormal non testé pendant la phase de certification. Cela peut être réalisé par un système de supervision collectant en temps réel, lors de situations particulières (évitements de collision, défaillances, cyberattaques, etc.), les données dynamiques des véhicules (évolution des trajectoires et quantité de mouvements, dynamique du véhicule) et les analysant, de façon à diagnostiquer les mauvais comportements et si possible à les corriger dynamiquement.

Un tel système de supervision peut également développer un apprentissage de ces comportements non prévus de façon à éventuellement les intégrer au niveau des essais de validation. Bien entendu, cela peut entraîner une collecte importante d'informations (big data) pouvant bénéficier des nouveaux réseaux cellulaires déployés tel que la 5G.

Le déploiement du véhicule automatisé se fera progressivement, en commençant par les situations les moins compliquées (moins risquées). À court terme, c'est-à-dire dès maintenant et dans les trois ans à venir, on peut mentionner les cinq situations suivantes :

La conduite sur autoroute à faible vitesse :

C'est un usage qui est déjà en cours de déploiement au niveau des véhicules haut de gamme. Il est basé sur l'ACC (*Active Cruise Control*), qui permet de conserver automatiquement une distance suffisante entre son véhicule et le véhicule de devant. Cette interdistance est automatiquement calculée en fonction de la vitesse du véhicule sujet (son propre véhicule), ce qui permet à faible vitesse (lors d'embouteillages) de conserver une interdistance faible ne permettant pas aux autres véhicules de s'insérer. Dans le cas contraire, l'ACC est moins intéressant car il doit en continu prendre en compte l'insertion de nouveaux véhicules. Par ailleurs, le C-ACC (*Cooperative* ACC) va permettre de réduire l'interdistance minimum à travers une meilleure anticipation des variations de vitesse du véhicule de devant (détection d'un ralentissement et d'une accélération avant même que son effet ne soit perceptible par l'ACC). Bien sûr, dans le cas d'un tel fonctionnement, le véhicule sujet peut donc suivre le véhicule de devant en s'adaptant automatiquement à sa vitesse, l'ACC devra cependant être couplé au système de navigation afin de ne pas dévier de sa route planifiée lorsque le véhicule de devant quittera la file.

Le valet de parking :

Le valet de parking a fait l'objet de nombreuses démonstrations lors des congrès mondiaux des ITS (Honda, Valeo (voir photo 2.6.1.3 ci-dessous), Renault, etc.). Le principe est de laisser le véhicule au niveau d'un point d'accès au parking et de rappeler celui-ci par exemple au moyen de son Smartphone lorsque l'on veut le récupérer. Dès que le véhicule est laissé au point d'accès du parking, celui-ci est pris automatiquement en charge par le gestionnaire du parking qui va le téléguider vers une place disponible.

Cette place de stationnement est alors mémorisée. Dès que le propriétaire du véhicule veut le récupérer, il émet un SMS au gestionnaire de parking qui va alors déclencher le téléguidage du véhicule vers le point d'accès (ou de collecte) des véhicules, permettant ainsi à son propriétaire de le récupérer.

Figure 2.6.1.3 : Photo de la démonstration « valet de parking » de Valeo à ITS World de Détroit en 2014 ; Source : Auteur

Par téléguidage, il faut entendre plusieurs possibilités en fonction de la distribution de l'intelligence artificielle entre le véhicule et l'infrastructure de gestion du parking. Cette répartition peut prendre diverses configurations entre les deux cas extrêmes ci-dessous :

- L'infrastructure de gestion du parking communique les coordonnées de la place de parking disponible ainsi que les coordonnées du point de collecte du véhicule pour le restituer à son propriétaire et le véhicule se débrouille seul pour se rendre à ses destinations. Dans ce cas, le véhicule doit avoir une perception complète de son environnement tout le long de son trajet et être à même de réagir convenablement à tout événement inopiné.

- L'infrastructure de gestion du parking prend en charge complètement la trajectoire du véhicule et sa dynamique de façon sécurisée. Pour cela, par exemple, le MCM (Manœuvre Coordination Message) de l'ETSI peut être utilisé à partir d'unités d'infrastructure réparties dans le parking. Bien sûr, ces unités doivent également avoir une perception totale de l'environnement entourant le véhicule lors de son déplacement et en particulier des vulnérables ou autres objets pouvant inopinément se présenter.

Les véhicules en convoi (platooning) :

Les véhicules en convoi intéressent particulièrement les camions et autres utilitaires de façon à d'une part réduire le nombre de chauffeurs (seul le véhicule de tête a un chauffeur) et d'autre part économiser du carburant en améliorant l'aérodynamique de l'ensemble. Des convois de l'ordre de quatre camions peuvent alors être constitués (voir figure 2.6.1.4 ci-dessous) tel que cela a été évalué par Volvo Truck, en particulier dans le cadre du projet européen Sartre. Le nombre de véhicules en convoi doit être limité afin de pouvoir permettre à tout autre véhicule de doubler le convoi en toute sécurité.

Figure 2.6.1.4 : Démonstration Volvo de camions en convoi.
Source : Volvo

D'autres organisations de convois sont intéressantes, en particulier dans le cadre de systèmes de partage de véhicules automobiles lorsqu'il faut rééquilibrer les lieux de stationnement de ces véhicules en fonction des besoins des utilisateurs. Un petit groupe de véhicules automatisés avec ou sans véhicule de tête conduit par un humain peut alors transiter en environnement propre ou dans certains cas en environnement ouvert, d'un lieu de stationnement à un autre en fonction des besoins pouvant être anticipés (voir projet européen Autopilot).

Les navettes en environnement propre :

La France a la chance de voir se développer des entreprises (Navya (voir figure 2.6.1.5 ci-dessous), EasyMile) proposant des navettes automatisées.

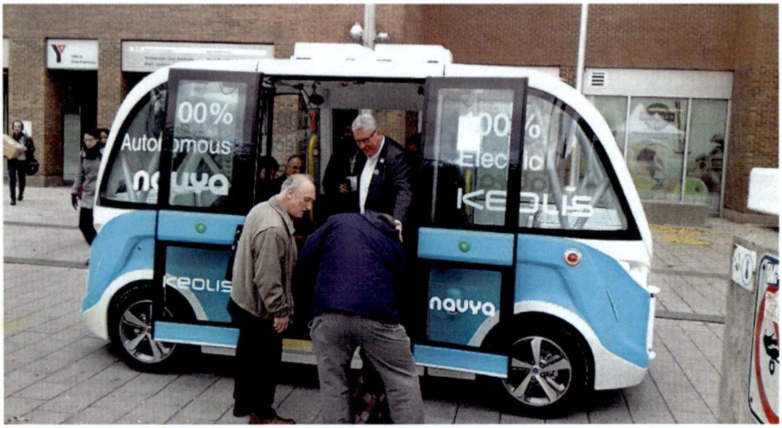

Figure 2.6.1.5 : Navette Navya présentée au congrès mondial des ITS à Montréal en 2017. Source : Auteur

Un certain nombre de projets expérimentaux, au niveau mondial, permettent d'évaluer ces navettes en environnement propre (au minimum partiellement protégé).

Leur vitesse est limitée à environ 30 km/heure, mais celle-ci pourra être progressivement augmentée dès lors que le niveau de confiance au niveau de leur sûreté de fonctionnement progressera et que la législation le permettra. Par ailleurs, les contraintes liées à leur environnement de circulation pourront également être levées en fonction de leurs capacités à gérer l'évitement de collision dans toutes les situations topographiques, d'événements inopinés, de trafic et météorologiques pouvant être rencontrées.

Les véhicules automatisés à la demande :

Le partage de véhicules comme le covoiturage pourront également profiter de la mise à disposition de véhicules automatisés. Il suffira alors d'appeler un véhicule pour que celui-ci vienne de façon automatisée vous chercher et vous conduise à votre point de destination. Il pourra également prendre à proximité de son itinéraire initialement programmé d'autres usagers intéressés. Ce service sera développé, à court terme, sur des itinéraires biens connus et ayant fait l'objet d'aménagements particuliers lors de passages délicats (ex : intersections, hauts de côtes, routes en courbes, situation de masquage, etc.). De la même façon, certains véhicules automatisés pourront être dédiés à la livraison de marchandises.

Comme pour les navettes, les véhicules se déplaçant sans conducteurs à l'intérieur devront être supervisés à distance.

Plusieurs expérimentations sont en cours d'étude au niveau de l'Île-de-France et de la Normandie dans le cadre du projet TEVAC (Territoires d'Expérimentation du Véhicule Automatisé Connecté), piloté par le pôle de compétitivité Mov'eo et financé par les régions Île-de-France et Normandie.

2.6.2 L'infrastructure de sécurité

La sécurité du système d'information et des télécommunications associées, nécessaires à la sécurité routière et au véhicule automatisé est un élément important de la sûreté de fonctionnement de l'ensemble. L'infrastructure de sécurité devra donc veiller à empêcher autant que possible une intrusion externe, que celle-ci soit de nature malveillante ou simplement résultant d'erreurs ou de défaillances.

Le développement des systèmes coopératifs a joué un rôle de catalyseur au niveau du développement d'une telle infrastructure de sécurité qui est représentée sur la figure 2.6.2.1.

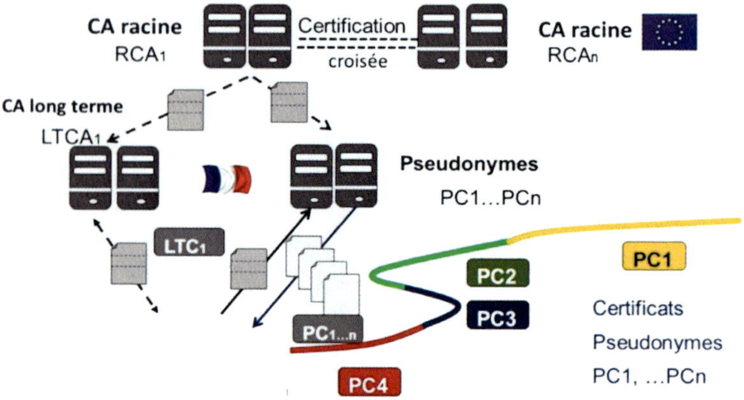

Figure 2.6.2.1 : Infrastructure de sécurité pour les systèmes coopératifs.
Source : C2C-CC

En fait, une telle infrastructure a été développée pour atteindre les deux objectifs suivants :

• Respect de la vie privée des usagers : la diffusion de messages standards contenant des données privées telles que la position du véhicule, son itinéraire suivi (pouvant être reconstitué) ou sa vitesse, ne doit pas pouvoir être utilisée pour porter atteinte à la vie privée des usagers. Il doit donc être impossible d'associer ces données à un véhicule particulier et donc à un usager. La solution retenue a été de rendre anonyme ces messages à travers l'usage d'un certificat court terme également appelé « pseudonyme ». Ce pseudonyme (PC : Pseudonym Certificate) pouvant être changé dynamiquement en fonction de règles définies par les constructeurs de véhicules en coopération avec les autorités européennes en charge du respect de la vie privée. L'approche suivie est la même en Europe et aux États-Unis. Chaque pseudonyme ne pouvant en principe être réutilisé, il sera donc nécessaire de maintenir au niveau de chaque véhicule un pool de pseudonymes de façon à pouvoir remplacer le pseudonyme utilisé en fonction des règles définies. Plus la fréquence de remplacement sera élevée, plus il nous faudra de pseudonymes. Les orientations prises sont d'avoir un pool de pseudonymes limité et de réapprovisionner, via un réseau global, de nouveaux pseudonymes en fonction de la consommation de ceux contenus dans le pool. Ce réapprovisionnement peut se faire au moyen d'un réseau cellulaire, si disponible au niveau du véhicule, ou via un réseau local ad hoc (ex : G5) libre de licence, lequel devra être disponible au niveau de tous les véhicules coopératifs. Pour cela, l'ETSI a initialisé le développement d'un service spécifique permettant l'accès à un réseau global (public comme Internet ou privé) à partir d'une unité bord de route. La disponibilité de cet accès peut être signalée par une « annonce de service SAM (Service Advertisement/Announcement Message) » (voir figure 2.6.2.2) diffusée dans le canal CCH obligatoire pour la gestion de l'évitement de collision.

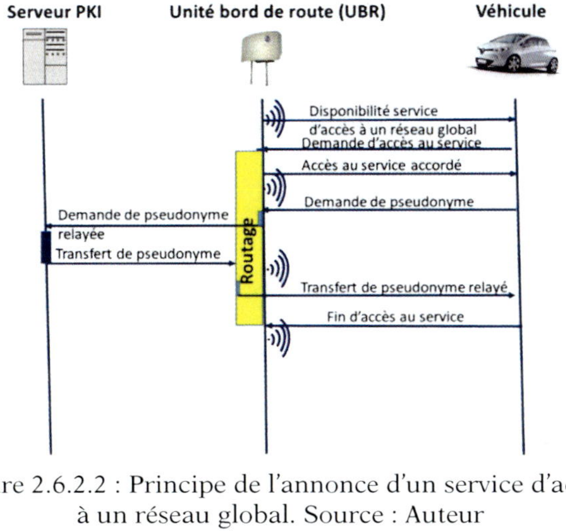

Figure 2.6.2.2 : Principe de l'annonce d'un service d'accès à un réseau global. Source : Auteur

<u>Note :</u> En fait, au niveau de l'ETSI le message SAM signifie « *Service Announcement Message* », mais l'ISO s'en est emparé et l'a alors nommé « *Service Advertisement Message* ». Il semblerait que maintenant les deux

standards soient harmonisés sous le nom de « *Service Advertisement Message* ».

Cette annonce de service supportée par le message standard SAM peut être utilisée pour annoncer divers services étant offerts par une unité bord de route. Dans le cas de la collecte de pseudonymes, le service consistera à établir au niveau de l'UBR un relais (routeur) assurant le transfert des requêtes reçues via le G5 vers un réseau global et vice-versa. Ce service peut être interrompu par le client (véhicule) ou par le serveur (UBR) dès que le véhicule est sorti du réseau local ad hoc de l'UBR. La fenêtre temporelle disponible pour l'échange d'un pseudonyme dépendra de la vitesse du véhicule et des portées radios respectives de l'UBR et du véhicule, mais dans tous les cas de figure, on devrait disposer d'au moins environ 30 secondes, ce qui semble suffisant à cet échange.

L'usage du réseau local ad hoc pour la collecte de pseudonymes permet de ne pas imposer aux usagers de payer un accès global via un réseau cellulaire entraînant un contrat de service spécifique. Cela est particulièrement important au niveau des véhicules « faible coût (low cost) » et « ultra faible coût (ultra low cost) », sachant que ces véhicules ne peuvent être privés de la sécurité routière apportée par les systèmes coopératifs et bénéficieront donc automatiquement de la technologie de réseau local ad hoc standardisée et promue par les constructeurs automobiles (ex : G5 à court terme).

La sécurité routière est un service universel qui ne peut n'être réservé qu'aux personnes riches et aux véhicules haut de gamme. Ce type de service de routage offert par une unité bord de route peut d'ailleurs être utilisé pour d'autres services tels que l'appel d'urgence paneuropéen (eCall), dans des zones sans couverture cellulaire.

- Résistance aux attaques externes : la résistance aux attaques externes peut être intégrée de façon plus générale dans le domaine de la sûreté de fonctionnement du système, qui doit assurer d'une part la fiabilité de ce dernier, mais de plus, sa tolérance aux fautes de telle sorte que quel que soit le mode de défaillance et l'origine de cette défaillance, le système présente un comportement ne pouvant pas occasionner un préjudice aussi bien aux occupants d'un véhicule ou usagers de la voirie qu'aux biens appartenant à ceux-ci (le véhicule et ses contenus matériels).

Le système retenu actuellement au niveau des ITS coopératifs est basé sur la signature des messages diffusés lors de leurs émissions et l'authentification de ceux-ci en réception. Cette signature et l'authentification sont réalisées au moyen de clés privées et clés publiques dérivées de certificats long terme (LTC : *Long Term Certificate*) et court terme (PC : *Pseudonym Certificate*) obtenus d'un serveur PKI (*Public Key Infrastructure*) géré par une autorité publique ou privée en charge de la sécurité du système. La signature sera cryptée au moyen d'un algorithme puissant difficilement utilisable sans connaissance des certificats alloués. Les messages ne pouvant être authentifiés en réception ne seront pas traités, mais donneront lieu à une analyse particulière afin d'identifier la cause de cette non-reconnaissance et de l'origine du message. Les sources des messages non authentifiés pourront alors être l'objet d'une « répudiation » afin de les éliminer du système tout en informant les usagers de cette élimination.

Ce système permet donc de créer des domaines de confiance dans lesquels évolueront les usagers. Il sera alors nécessaire de gérer les transitions d'un domaine de confiance à un autre lorsque ceux-ci sont gérés par des autorités différentes (ex : des États membres différents). Cela sera réalisé par la distribution des CTL (*Certificates Thrusting List*), permettant d'obtenir les certificats longs termes et courts termes étant valides pour chaque domaine de confiance.

Il est vraisemblable que ce système sera renforcé dans le cas du véhicule autonome présentant un niveau de criticité élevé vis-à-vis d'un véhicule restant sous un contrôle humain.

Cette protection contre des attaques provenant d'un réseau local ad hoc n'est pas suffisante et chaque véhicule devra protéger l'accès à son électronique embarquée de façon importante, en particulier vis-à-vis d'autres attaques provenant d'autres interfaces exposées à l'extérieur, telles que le bus CAN ou les réseaux locaux Bluetooth/wi-fi. Les risques, via une connectivité de type réseau cellulaire, devront vraisemblablement faire l'objet de mesures similaires si pouvant générer un risque en fonction des applications ciblées.

En fait, il est recommandé lors de la conception d'un système de faire une analyse de risque dont une partie comprendra un AMDEC (Analyse des Modes de Défaillance, de leurs Effets et Criticité), sachant qu'une défaillance d'un système peut avoir comme origine :

- La défaillance d'un composant matériel ;
- La présence d'un bug logiciel résiduel ;
- Un problème de performance lors de montée en charge ;
- Une attaque interne ou externe.

Cet AMDEC pourra alors être complété d'un TVRA (*Threat, Vulnerability, Risk Analysis*), ce qui a d'ailleurs été réalisé au niveau ETSI TC ITS WG5 pour un réseau local ad hoc de type G5.

L'arrivée des ordinateurs quantiques va changer la donne de par leur capacité à casser rapidement les algorithmes de signature à base de clés publiques et privées ainsi que les algorithmes de chiffrage des données. Par contre, le développement de la téléportation quantique d'informations via les propriétés d'intrication quantique devrait permettre non seulement la communication de clés de façon sécurisée, mais également l'impossibilité de modifier les informations téléportées sans que les sources en soient automatiquement informées. La Chine semble avoir pris une longueur d'avance sur le sujet grâce à son projet expérimental QUESS (*Quantum Experiment at Space Scale*). Ce projet comprend le lancement du satellite Micius permettant le transfert de paires de photons intriqués vers deux stations terrestres situées en Chine (Delingha et Lijiang) séparées de 1 200 km (voir figure 2.6.2.3 ci-dessous). Dès que l'on modifie l'un des photons intriqués (ex : par modification de sa polarisation), immédiatement son jumeau se trouve modifié de la même façon, indépendamment de la distance les séparant. Une certaine quantité d'informations a pu ainsi être téléportée entre les deux sites malgré les difficultés à maintenir les photons intriqués (problèmes de décohérence).

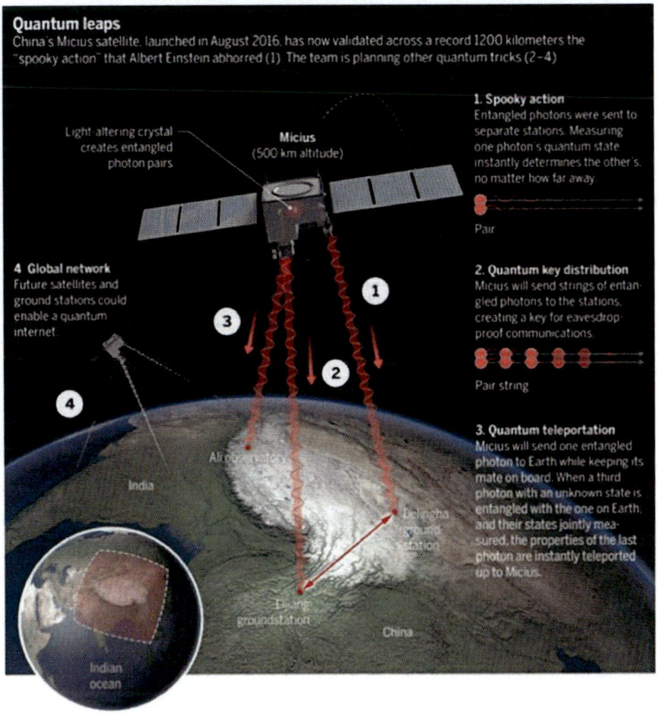

Figure 2.6.2.3 : Synthèse du système QUESS.
Source : C. BICKEL/SCIENCE ; (DATA) JIAN-WEI PAN

L'ETSI anime par ailleurs un groupe de réflexion sur le chiffrage quantique (QSC : *Quantum-Safe Cryptography*) et sur l'échange de clés par usage de téléportation d'information (QKD : *Quantum Key Distribution*). Un atelier de travail sur le sujet est planifié en Chine, à Beijing, du 6 au 8 novembre 2018.

2.6.3 Les systèmes de communication hybrides

L'apparition de réseaux locaux ad hoc dérivés de la norme IEEE 802.11p tels que le G5 en Europe ou le DSRC (*Direct Short Range Communication*) aux États-Unis a été l'objet de résistances d'un certain nombre d'industriels du secteur des télécommunications (opérateurs télécoms, équipementiers télécoms, fournisseurs de composants télécoms), dans la mesure où l'attribution d'une bande passante significative (75 mégahertz), libre de licence aux États-Unis et en Europe, cassait le monopole de certains acteurs publics ou privés en ce qui concerne la répartition du spectre radiofréquence. Ce monopole ayant été obtenu de façon coûteuse, en particulier par les opérateurs de télécommunications, en ce qui concerne les réseaux cellulaires de type 3G ou 4G.

Cependant, l'évitement de collision indispensable aux politiques de sécurité routière développé au niveau mondial ne pouvait pas reposer sur un réseau global pour les raisons suivantes :

- Le temps de latence maximum de bout en bout (voir figure 2.4.1.3) a été fixé provisoirement à 300 millisecondes maximum. Cette valeur est encore trop importante car elle prend en compte les capacités de la technologie pouvant être raisonnablement embarquée dans un véhicule. Elle devra vraisemblablement être divisée par 10 dans le futur afin de permettre une perception suffisamment précise pour faire de l'évitement de collision couvrant un grand nombre de situations de trafic. Compte tenu des temps de traitement aussi bien au niveau d'un véhicule (en particulier des temps de signature et d'authentification des messages échangés) et des temps de traitement au niveau d'un serveur, les réseaux cellulaires, y compris le 4G ne seront pas capables de garantir un temps de latence relativement faible en permanence (problème d'heures de pointe, problème d'itinérance entre cellules). À 6 mégabits par seconde, le G5 permet un temps de latence de l'ordre de la milliseconde pour des paquets de l'ordre de quelques centaines d'octets. Si l'on augmente cette bande passante locale, ce qui est vraisemblable dans le futur, on pourra encore réduire ce temps de latence de façon très significative. Les opérateurs de télécommunications, ou tout au moins leurs équipementiers, ont tendance à garantir que la nouvelle génération de réseaux cellulaires à venir, la 5G, pourra tenir ces temps de latence de l'ordre d'une milliseconde. Cela restera cependant à vérifier, en particulier dans des situations de charge importante du réseau ;

• L'évitement de collision est clairement un problème local qui ne gagnera rien à être traité au niveau du « cloud », à des milliers de kilomètres du problème. La perception et l'action ne pourront que rester locales. L'ajout au minimum d'un serveur central dans la boucle de décision introduit un composant supplémentaire fragilisant la sûreté de fonctionnement de l'ensemble, que ce soit en termes de défaillance ou en termes d'attaques externes ;

• Le modèle économique associé à l'évitement de collision n'est ni favorable aux opérateurs de télécommunications qui auront du mal à faire payer un service universel qui doit être disponible pour tous les usagers de la route quel que soit leur niveau de richesse, ni pour les usagers qui ne sont pas prêts à payer un abonnement télécoms, la sécurité routière étant considérée comme un « dû » de la part des constructeurs de véhicules ;

• Les opérateurs de télécommunications ne sont par ailleurs pas toujours très enclins à endosser une part de responsabilité en cas d'accident lié à un dysfonctionnement du système d'évitement de collision ;

• L'absence d'un service de diffusion d'information au niveau du cellulaire complique de façon très significative le système en imposant un contrôle de pertinence des informations reçues au niveau d'un serveur central avant communication de ces dernières aux usagers (figure 2.6.3.1).

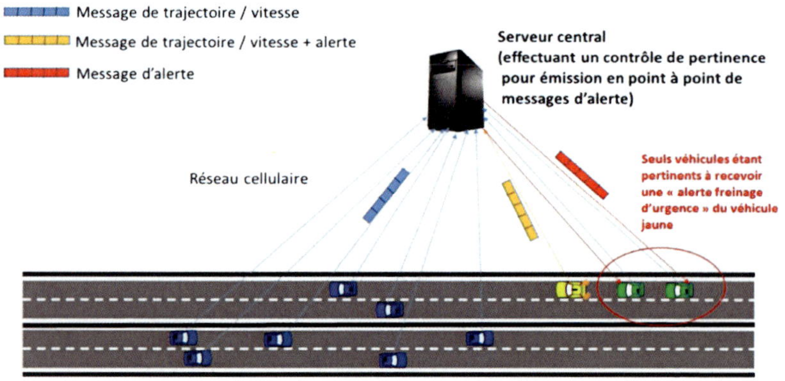

Figure 2.6.3.1 : Contrôle de pertinence réalisé au niveau serveur central. Source : Auteur

Dans le cas d'une diffusion locale, le contrôle de pertinence d'un événement inopiné ou d'une alerte peut être fait par les véhicules. Si l'on n'utilise pas un service de diffusion d'information, un serveur central ne peut pas envoyer, en point à point, à tous les véhicules se trouvant dans sa zone de couverture (dans certains cas plusieurs dizaines de milliers), toutes les informations utiles à la satisfaction des applications. Le serveur central devra par ailleurs connaître tous les véhicules circulant dans la cellule qu'il contrôle, sachant que ceux-ci peuvent appartenir aux 200 à 300 millions de véhicules en service au niveau européen et donc se trouver n'importe où.

Il faut donc, pour chaque événement remonté par un véhicule (ex : freinage d'urgence), que le serveur central identifie quels sont les véhicules pertinents, donc à informer (ex : seulement les deux véhicules verts sur la figure). Pour cela, le serveur central doit obtenir, en temps réel (en fonction des types d'événements), les trajectoires et vitesses de tous les véhicules susceptibles d'être à proximité du véhicule signalant un événement, c'est-à-dire de tous les véhicules en circulation dans la zone contrôlée par le serveur. Cela est évidemment difficile et exclut donc tout système cellulaire d'un évitement de collision si celui-ci n'est pas doté d'un service de diffusion, car en plus des temps de latence liés au réseau, il faudra prendre en compte les temps de traitement au niveau du serveur liés au contrôle de pertinence.

Si la disponibilité d'un service de diffusion permet de simplifier un peu le problème, il restera la nécessité pour tous les véhicules de remonter leurs évolutions et dynamiques au serveur de façon à ce que celui-ci puisse les rediffuser sans contrôle de pertinence (ex : remonter tous les messages CAM et DENM). Dans cette dernière hypothèse, la valeur ajoutée d'un serveur central restera pauvre si celui-ci n'est pas doté de capacités d'intelligence artificielle telles qu'identifiées sur la figure 2.6.1.2 ci-dessus.

En ce qui concerne les DENM qui sont utilisés pour signaler des dangers routiers (pas pour faire de l'évitement de collision), cela est possible, puisque ces messages étant événementiels, ceux-ci seront peu fréquents. Par contre, il ne serait pas raisonnable de vouloir remonter tous les CAM, surtout si le réseau cellulaire couvre une zone géographique de surface importante, car on aurait alors des milliers de véhicules qui remonteraient ces messages, entraînant une forte consommation de la bande passante disponible (même en 4G), que ce soit dans la voie montante ou dans la voie descendante. De plus, les véhicules n'auraient pas les capacités de traitement pour authentifier les dizaines de milliers de messages pouvant être reçus toutes les secondes.

En conclusion, l'évitement de collision ne pourra se faire que par des communications directes V2X utilisant la diffusion. C'est d'ailleurs ce qui reste envisagé dans le cadre de déploiement de la 5G à travers l'utilisation de réseaux locaux ad hoc basés sur le LTE, maintenant identifiés comme C-V2X.

Cette évidence impliquera qu'à terme, tous les véhicules soient équipés de la technologie de réseau local ad hoc standard et gratuite, retenue par l'industrie des véhicules (ex : G5).

Par contre, même si le G5 permettra de développer de nouvelles applications tirant parti de ses capacités de diffusion, de sa grande bande passante et de ses coûts d'investissement très faibles (quelques dizaines d'euros par véhicule, voire moins) sans besoin d'un abonnement, **les réseaux cellulaires resteront indispensables et seront progressivement et systématiquement intégrés au G5 afin de former des systèmes de communication hybrides.**

2.6.4 Le rôle de l'IA

L'intelligence artificielle (IA) est devenue un *buzz word* de nos sociétés, réactivant les anciens mythes de l'immortalité où des automates se transforment en créatures humaines (voir IA forte[1] ?). Ce n'est pourtant pas qu'une légende et l'IA va changer en profondeur nos modes de vie. Bien sûr, le véhicule automatisé coopératif (VAC) profitera de l'IA, en particulier au niveau de ses fonctions principales que sont la navigation, la perception, l'analyse de risque et la prise de décision (stratégie d'évitement de collision).

Au niveau de la navigation, un véhicule automatisé devra être informé en temps réel des événements inopinés se trouvant sur son itinéraire afin d'ajuster celui-ci pour les éviter. Cette information trafic en temps réel pourra être restituée grâce à des véhicules sondes qui remonteront en continu de grandes quantités d'informations (big data) à des serveurs situés dans le cloud (voir par exemple le projet eHorizon de la société Continental Automotive basée à Toulouse). Les données remontées concerneront aussi bien l'état du trafic routier, la détection d'événements inopinés, les niveaux de pollution, l'état des routes ainsi que la météorologie. Pour cela, un grand nombre de véhicules seront dotés des capteurs appropriés. Le traitement de ces masses de données nécessitera probablement l'usage de l'IA, qui pourrait être remplacée dans le futur par des ordinateurs quantiques dont les concepts de simultanéité d'états sont voisins de l'IA.

Mais c'est actuellement au niveau de la perception que l'IA et en particulier les réseaux de neurones combinés au *deep learning* sont actuellement les plus utilisés. En effet, par analogie avec le traitement visuel de notre système nerveux, les réseaux de neurones artificiels peuvent analyser les images collectées par des capteurs tels que les caméras thermiques, les radars, avec des temps de latence cohérents aux besoins de l'évitement de collision. Ils peuvent d'une part reconnaître un certain nombre

1 IA forte prétendant qu'une machine possédant une telle IA puisse développer une intelligence / conscience propre semblable à l'être humain

de formes importantes (véhicule léger, camion, bus, moto, piéton, vélo, animal, etc.) ainsi que la dynamique d'évolution de ces formes (quantité de mouvements : vitesse, accélérations/décélérations). De plus, dans un certain nombre de situations, ces données provenant de la perception locale du véhicule peuvent être enrichies par la perception distante communiquée par d'autres véhicules et unités bord de route via les systèmes coopératifs. Cela entraîne une fusion des données locales et des données reçues (voir figure 2.6.4.1 ci-dessous proposant un modèle conceptuel) permettant une augmentation de la perception locale et une vérification de cohérence entre les deux types de perceptions considérées (redondance contribuant à la détection de défaillance et de cyberattaques). Les données cohérentes peuvent alors être partagées au niveau de l'espace de travail (LDM).

Le système de perception d'un véhicule automatisé est l'un des éléments essentiels de ce dernier car il doit être complet et fiable. Il doit être complet et fiable car tout changement de trajectoire, voire variation brutale de sa quantité de mouvements (ex : freinage d'urgence), doit être réalisé sans risque pour les autres véhicules et vulnérables transitant à proximité. Dès lors, un véhicule automatisé doit être capable d'évaluer en continu son niveau de perception et d'anticiper une perte, même partielle, de sa perception de façon à rendre la main au conducteur humain ou se mettre en situation de sécurité avant la perte partielle de sa perception. Le *deep learning* permet un autoapprentissage de nouvelles situations (nouvelles formes, nouvelles variations de quantité de mouvements, nouvelles variations de trajectoires, voire possibilité de mieux caractériser un objet mobile par exemple en termes de masse). Cela conduira donc à enrichir en permanence les modèles utilisés au niveau de la perception locale. La perception distante sera obtenue à travers les éléments de données contenus dans les messages standards (ex : CAM, DENM, CPM, etc.) diffusés par les véhicules, unités d'infrastructure routières, vulnérables voire obstacles. Dans le futur, ces messages pourront alors être enrichis en fonction des besoins.

Les autres fonctions telles que l'analyse de risque (évaluation de la probabilité d'une collision dans un temps donné) et la prise de décision basée sur des modèles de comportement de référence en fonction des situations diverses et variées conduiront également à un usage intensif de l'IA et de l'apprentissage (particulièrement au niveau de la modélisation des comportements de référence), sachant que le véhicule automatisé sera confronté à des millions de situations différentes en fonction des topographies des routes et de leurs états, du trafic, des obstacles, des conditions météorologiques, etc.

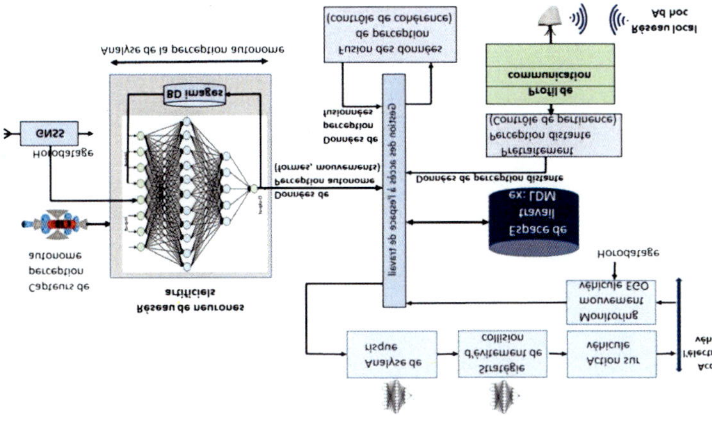

Figure 2.6.4.1 : Exemple d'utilisation des réseaux de neurones au niveau VAC. Source : Auteur

3.
LES PROCESSUS D'INNOVATION AU NIVEAU DES ITS

Afin de bien expliquer le processus d'innovation au niveau des ITS, nous prendrons comme exemple celui suivi au niveau des systèmes de transport intelligents coopératifs. Cependant, ce processus d'innovation sera applicable à l'ensemble des innovations du domaine, voire à d'autres domaines d'innovation.

Les systèmes de transport intelligents coopératifs, encore appelés ITS coopératifs, ont vu le jour il y a une bonne quinzaine d'années, aussi bien dans les laboratoires de recherche des États-Unis que de l'Europe. Il est vite devenu apparent que, pour pouvoir se déployer, ces systèmes devaient utiliser des technologies, protocoles de communication et messageries communs standards. Cette évidence a été à l'origine de nombreux travaux de normalisation en Europe et aux États-Unis, avec des tentatives plus ou moins abouties d'harmonisation. Ces travaux se sont déroulés à travers plusieurs étapes constituant le processus d'innovation tel que représenté sur la figure 3.1.

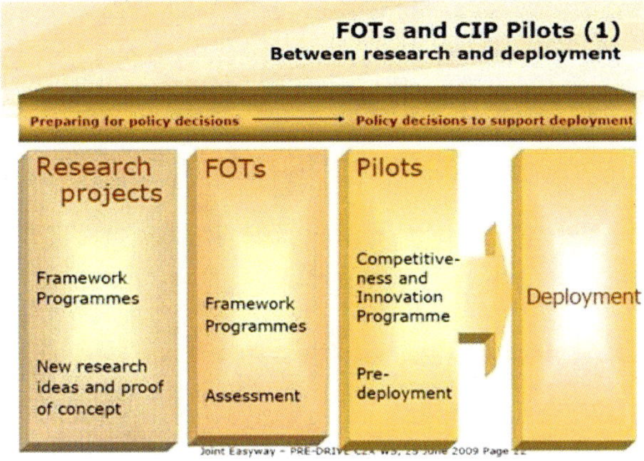

Figure 3.1 : Processus d'innovation.
Source : Commission européenne, DG Connect

Ce processus d'innovation comprend en principe trois étapes avant d'arriver au déploiement :

- L'étape de recherche, qui permet de découvrir et d'évaluer de nouveaux concepts, de nouvelles technologies, etc. Cette étape est principalement réalisée à travers la production de prototypes (preuves de concepts) n'ayant pas de pérennité ;

- L'étape d'expérimentation (FOT : Field Operational Tests), qui permet d'évaluer des solutions regroupant un certain nombre de résultats de recherche, dans un environnement ouvert, le plus proche possible de la réalité. À nouveau, nous sommes dans une étape de développement de prototypes qui se rapprochent cependant de produits finis. On ne reste plus au niveau des concepts et des tests de nouvelles technologies, techniques, mais l'on doit inclure des objectifs, des utilités et des évaluations d'impacts (économiques, socio-organisationnels, juridiques, ergonomiques, etc.) ;

- L'étape pilote ou prédéploiement qui permet d'évaluer des solutions en environnement réel à travers une expérimentation à grande échelle et ceci, le plus possible, avec les utilisateurs finals. On a affaire dans cette phase à des produits commerciaux qu'il faut non seulement valider dans leurs contextes d'usage, mais également préparer à une acceptation du marché et des clients ciblés.

Dans certains cas, l'expérimentation peut être directement un pilote si celle-ci est de grande ampleur (ex : projet allemand SIM-TD, projet américain *Safety Pilot*).

Ces différentes étapes sont en général subventionnées par les États et fédérations d'États comme la Commission européenne ou le DOT aux États-Unis.

3.1. EN EUROPE

En Europe, suite à des projets nationaux, les principaux constructeurs de véhicules allemands ont créé une association appelée « *Car 2 Cae Communication Consortium* » (C2C-CC : https://www.car-to-car.org). Ce consortium allemand (Audi, BMW, Daimler, Opel, VW) dédié initialement aux communications directes entre véhicules (V2V) s'est progressivement ouvert à d'autres constructeurs de véhicules appartenant à d'autres États membres (Fiat, Honda, Renault, Volvo, puis PSA, Ford, Man, Hyundai). Fiat CRF (Laboratoire de recherche du groupe Fiat) s'est retiré du consortium (voir figure 1.4.1.1) après une réorganisation l'ayant détaché de Fiat Auto car ses représentants ne se sentaient plus représentatifs de la branche automobile. Si ce consortium reste complètement piloté par les constructeurs de véhicules au niveau de son comité directeur, il accueille maintenant divers partenaires travaillant au niveau de l'industrie automobile, que ce soit des équipementiers, des fournisseurs ou des laboratoires de recherche.

La création de ce consortium automobile dédié exclusivement aux systèmes coopératifs ou aux systèmes de transport intelligents coopératifs (C-ITS) a donc agi pour promouvoir et valider ce nouveau concept de communication et coopération directes entre véhicules et par la suite l'extension de ce concept à la communication et à la coopération directes entre véhicules et infrastructure routière.

Après un certain nombre de projets de recherche nationaux et européens, le consortium C2C-CC a supporté le développement de projets d'expérimentation (FOT : *Field Operational Tests*) nationaux et européens basés sur un grand nombre de véhicules et d'unités bord de route déployés dans diverses régions européennes.

En parallèle à ces expérimentations, le C2C-CC a développé une stratégie de déploiement volontaire transcrite au niveau d'un MOU (*Memorandum Of Understanding*) [Réf 16] présenté formellement à la presse en présence de la Commission européenne en ouverture du congrès mondial des ITS qui s'est tenu à Vienne au troisième trimestre 2012. Ce MOU correspondait alors à un engagement des membres du C2C-CC de déployer les systèmes coopératifs, basés sur des communications directes standards entre les véhicules (V2V) et entre véhicules et infrastructures routières (V2I), à partir de 2015 sous condition que les exigences listées dans le MOU soient remplies dans les délais indiqués. Ces conditions étaient les suivantes :

- Le jeu minimum de standards nécessaire au déploiement, couvrant l'ensemble des couches fonctionnelles du modèle de référence (voir figure 1.3.2 du chapitre I), doit être disponible mi-2012. Cela correspond également aux exigences de la Commission européenne contenues dans le mandat M 453 délivré par la Commission européenne aux organismes de normalisation européens, le CEN et l'ETSI ;

- Disponibilité au moment du déploiement du système de sécurité standard (respect de la vie privée des usagers et sécurité du système), harmonisé avec les standards IEEE 1609.2 et conforme aux exigences associées au profil de sécurité international proposé par le C2C-CC ;

- Coordination du déploiement de l'embarqué véhicule avec le déploiement de l'infrastructure routière. Il est souhaité que cette coordination entre les OEM et les organisations en charge de l'infrastructure routière soit établie dès 2011 ;

• Implication des autorités publiques par exemple en charge de la police et des services d'intervention d'urgence.

Il est clair que ces conditions n'ont pas été remplies bien que des progrès importants aient été réalisés. Cela a eu pour conséquence de retarder le début du déploiement, probablement de plusieurs années (actuellement prévu en 2020 en Europe et aux États-Unis). Les points faibles et points forts sont les suivants :

• Le processus de normalisation n'est pas efficace, en particulier au niveau du CEN. Au niveau ETSI, il existe des disparités, le WG5 par exemple, qui traite de la sécurité du système, a eu besoin de plus de temps que les autres WG. Ces disparités peuvent être expliquées en particulier par les choix d'harmonisation faits entre les États-Unis et l'Europe ;

• Les gestionnaires routiers ont rejoint tardivement les constructeurs automobiles et bien sûr ont souhaité participer aux spécifications du système, en particulier au niveau de la gouvernance du système de sécurité et donc des protocoles initialement proposés. Cela est bien sûr légitime, mais a contribué à retarder le déploiement par les constructeurs automobiles de peur de voir leurs développements remis en cause ;

• Le processus de validation/certification n'est pas clair, d'une part au niveau de l'infrastructure routière car abordé tardivement et d'autre part au niveau véhicule par la minimisation de celui-ci par les constructeurs automobiles qui ne veulent pas parler de certification pour en éviter les contraintes.

Cette action n'est cependant pas restée sans effet et a

conduit la Commission européenne à mettre en place une plateforme de concertation dédiée aux ITS coopératifs, la C-ITS *Platform*. Cette concertation a été composée de deux phases distinctes :

- Une première phase qui a permis l'émergence des éléments de base à un déploiement (choix technologique, choix des standards et profils, choix des applications pour cette phase-là, choix du système de sécurité, etc.) ;

- Une deuxième phase qui a approfondi le processus de déploiement à mettre en œuvre, les rôles et responsabilités des principaux acteurs et les infrastructures à mettre en œuvre de façon prioritaire afin d'aboutir à un déploiement généralisé en Europe à partir de 2019 / 2020.

Bien que des discussions se poursuivent, en particulier au niveau des standards à utiliser en ce qui concerne la sécurité du système et les orientations à prendre en termes de respect de la vie privée des usagers, les grandes lignes de déploiement sont maintenant stabilisées, en particulier pour l'infrastructure de gestion de la sécurité du système ainsi que l'organisation de validation des stations ITS (*compliance assessment*) à mettre en œuvre au niveau européen dès 2018.

L'une des barrières à faire tomber est relative au respect de la vie privée des usagers. En effet, il semblerait que quelques lobbies jugent insuffisantes les mesures prises au niveau de la diffusion des messages standards pour protéger la vie privée des usagers. L'un de leurs arguments est que l'on peut associer aux messages CAM diffusés certaines données statiques (type de véhicule, longueur, largeur, etc.) permettant d'identifier un véhicule particulier et donc son conducteur. Cela est étrange dans la mesure où les véhicules produits en masse ont les mêmes caractéristiques statiques que ce soit en termes de types, longueur, largeurs, etc. Ces véhicules sont produits au minimum à des dizaines de milliers d'exemplaires (avec les mêmes caractéristiques) par an pour ceux classés haut de gamme, voire à des centaines de milliers, voire des millions par an. De plus, les bases roulantes sont communes maintenant de plus en plus à de nombreux types de véhicules (ex : Twingo de Renault et Micra de Nissan produits dans l'usine de Flins).

Les services qui ont été retenus pour un déploiement en phase 1 sont :

- Signalisation d'un freinage d'urgence (Emergency electronic brake light) ;
- Signalisation d'un véhicule prioritaire en approche (Emergency vehicle approaching) ;
- Signalisation d'un véhicule stationnaire ou lent (Slow or stationary vehicle) ;
- Signalisation d'un embouteillage en avant (Traffic jam ahead) ;
- Signalisation d'une zone dangereuse (Hazardous location notification) ;
- Signalisation de travaux routiers (Road works warning) ;
- Signalisation de mauvaises conditions atmosphériques (Weather conditions) ;
- Panneaux à messages variables sur écran conducteur (In-Vehicle signage)
- Signalisation des limites de vitesse contextuelles (Contextual speed limits) ;
- Collecte de données des véhicules sondes (Probe vehicle data) ;
- Anticipation des ralentissements pour élimination

des variations brutales de trafic (Shockwave damping) ;

- Onde verte GLOSA (Green Light Optimal Speed Advisory) ;
- Alerte violation d'un signal (Signal violation warning).
- Demande de priorité aux feux pour des véhicules particuliers.

3.1.1 La phase de recherche

Les projets de recherche permettent de mettre en relation des chercheurs apportant des idées/innovations complémentaires susceptibles de contribuer à la réalisation de produits, services et systèmes après des phases de maturation. Ces projets peuvent être publics (subventionnés par des fonds publics) ou privés. C'est une bonne opportunité de développer des coopérations publiques – privées. Un certain nombre de projets de recherche nationaux (exemple le projet allemand NOW : *Network On Wheels*) ou de gros projets européens (GST, Safespot, CVIS, Cooper) financés par la Commission européenne ont permis de faire progresser significativement les systèmes coopératifs et ainsi d'autoriser un passage aux expérimentations nationales et européennes. Ces phases de recherche prennent de nombreuses années, un projet de recherche s'étalant en moyenne sur trois ans. Elles sont indispensables pour tester de nouvelles technologies, de nouveaux produits, de nouveaux concepts, etc.

3.1.2 L'expérimentation en environnement ouvert

Des expérimentations en milieu ouvert ont été réalisées à partir de 2008 jusqu'en 2013 dans divers États membres de la Communauté européenne (France, Allemagne, Suède, Espagne, Hollande, Finlande, Italie). Ces expérimentations nationales ont été fédérées par un projet européen, DRIVE C2X (voir figure 3.1.2.1).

En parallèle au projet européen DRIVE C2X se sont déroulés deux autres projets importants financés par la Commission européenne :

- Le projet FOTNET (Field Operational Test Network) dont le but était de développer une méthodologie commune aux expérimentations européennes de façon à pouvoir analyser et comparer leurs résultats et réaliser des analyses d'impacts. FOTNET a été piloté par l'association européenne ERTICO ;

- L'action support COMeSafety, dont l'objectif était d'accompagner la Commission européenne au niveau de la coopération Europe – États-Unis – Japon (task force C-ITS) et de développer la communication européenne et les analyses d'impacts relatives aux systèmes coopératifs. COMeSafety a été piloté par BMW.

Figure 3.1.2.1 : Expérimentations nationales fédérées par le projet DRIVE C2X. Source : Auteur

Le projet DRIVE C2X a été piloté par Daimler comme le projet expérimental allemand SIM-TD. Une disparité importante a existé entre les tailles et budgets de ces projets.

Par exemple, le projet SIM-TD était doté d'un budget national proche des 60 millions d'euros tandis que les autres projets n'excédaient pas 5 à 6 millions d'euros.

En fait, SIM – TD était plutôt un projet de prédéploiement avec une durée de 5 ans, une centaine de véhicules et d'unités bord de route déployés dans la région de Francfort.

Le projet français SCORE@F, avec un budget d'environ 6 millions d'euros financés par l'État, le Conseil général des Yvelines (CG78) et la région Île-de-France, bien que plus modeste, a pu aboutir à des résultats permettant de démarrer une expérimentation à grande échelle (projet de prédéploiement SCOOP@F). Ce projet français SCORE@F, démarré en septembre 2010, s'est terminé en septembre 2013. Il a été conduit par un consortium de 22 partenaires (figure 3.1.2.2) représentant les principaux acteurs impliqués dans le déploiement et la gestion opérationnelle des systèmes coopératifs. Le CG78, le CG38 (Conseil général de l'Isère) et Cofiroute ont fourni les environnements naturels permettant l'expérimentation des applications développées.

Ce projet s'est conclu par une démonstration en environnement réel au niveau de la route départementale 91 reliant le technocentre Renault à Versailles, au niveau de l'INRIA de Rocquencourt et à travers le duplex de Cofiroute. Certains des cas d'usage développés ont alors pu être démontrés.

L'exploitation des résultats de ce projet a permis à des PME françaises comme Neavia et Marben de devenir des leaders dans le domaine des systèmes coopératifs.

Figure 3.1.2.2 : Consortium du projet SCORE@F. Source : Auteur

Une vingtaine d'unités bord de route ont été installées, une quarantaine de véhicules Renault, PSA, IFSTTAR, INRIA, CG38, CG78 ont été utilisés, ainsi qu'un centre de gestion du trafic routier simplifié hébergé par le CG 78.

Un certain nombre d'applications de sécurité routière et de gestion du trafic routier ciblées pour un déploiement première phase ont été mises en œuvre et évaluées.

D'autres applications novatrices ont constitué des « *proof of concept* », telles que :

- La diffusion d'itinéraires recommandés pour équilibrer le trafic au niveau de l'infrastructure routière en fonction des densités de trafic mesurées ;
- Le covoiturage dynamique ou auto-stop électronique permettant de diffuser aux automobilistes équipés de systèmes coopératifs les demandes de covoiturage reçues au niveau d'un centre de gestion ;
- La diffusion d'informations multimédia dynamiques (disponibilité de places de parking, descriptions et

horaires des spectacles, prix d'entrée, files d'attente, etc.) concernant des points d'intérêts locaux (ex : château de Versailles, Opéra de Versailles).

Le projet européen DRIVE C2X a collecté les résultats techniques et non-techniques des projets nationaux afin de consolider ceux-ci et d'en faire des synthèses.

3.1.3 Les projets de déploiement pilotes (ex : SCOOP@F)

Le projet SCORE@F a vu se développer un partenariat public privé (PPP) efficace, ayant permis de disséminer la connaissance et l'expérience acquises à l'ensemble des acteurs participants.

En conséquence, naturellement, ces acteurs ont alors souhaité aller plus loin et ont proposé au ministère de l'Écologie, du Développement durable et de l'Énergie (MEDDE) la mise en œuvre d'un projet de prédéploiement des systèmes coopératifs.

Le ministère, à travers sa DIT (direction des infrastructures de transport), a alors répondu favorablement en prenant le pilotage de ce projet. Il a donc été constitué un consortium regroupant les principaux acteurs publics et privés devant être impliqués dans un prédéploiement des systèmes coopératifs. Cinq régions françaises (figure 3.1.3.1) se sont déclarées intéressées et ont donc proposé des infrastructures routières pouvant être équipées d'unités bord de route interconnectées aux centres de gestion de trafic locaux (SAGT).

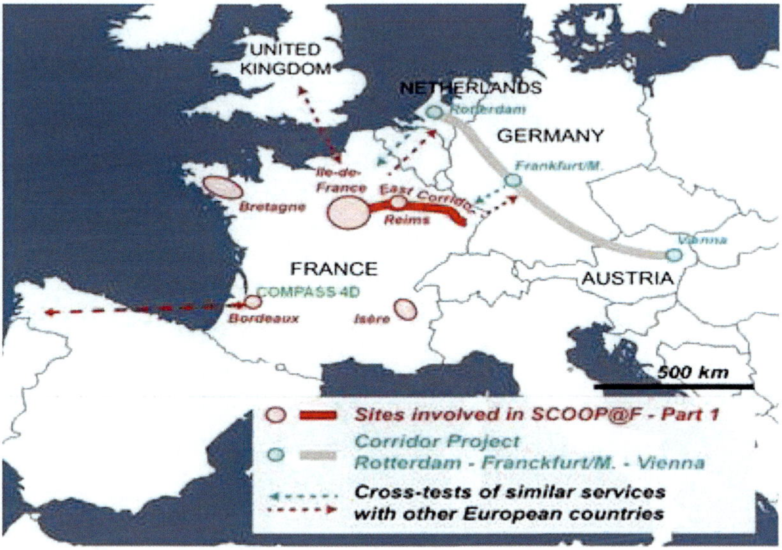

Figure 3.1.3.1 : Cinq régions françaises impliquées dans SCOOP@F.
Source : Projet SCOOP@F

Initialement, ce projet SCOOP@F phase 1 comprenait donc les partenaires suivants :

- Le ministère MEDDE (sa direction des infrastructures de transport) en tant que coordinateur du projet ;
- Des autorités locales :
- Agglomération de Saint-Brieuc ;
- Conseil général des Côtes d'Armor (CG22) ;
- Conseil général du Finistère (CG29) ;
- Conseil général d'Ille-et-Vilaine (CG35) ;
- Conseil général de l'Isère (CG38) ;
- Conseil régional de Bretagne ;
- Des gestionnaires routiers :
- Direction des routes de l'Atlantique (DIRA) ;

- Direction des routes de l'Île-de-France (DIRIF) ;
- Direction des routes de l'Ouest (DIRO) ;
- SANEF – gestion sous concession de l'État de diverses autoroutes dont l'A4 ;
- Les constructeurs automobiles français PSA et Renault ;
- Des instituts de recherche et universités :
- CEREMA (Centre d'études et d'expertise sur les risques, l'environnement, la mobilité et l'aménagement) ;
- IFSTTAR (Institut français des sciences et technologies des transports, de l'aménagement et des réseaux) ;
- Institut Télécom Paris ;
- Laboratoire d'accidentologie PSA – Renault ;
- Université de Reims-Champagne-Ardenne (URCA).

Le projet SCOOP@F a été proposé à la Commission européenne pour un financement (DG MOVE). Celle-ci a accepté dans un premier temps le financement de la phase aboutissant à des équipements validés et d'une phase 2 comprenant :

- Le déploiement du système phase 1 ;
- La phase d'expérimentation d'un an minimum ;
- L'extension de la phase 1 avec de nouveaux cas d'usage ;
- L'ajout d'autres États membres européens et partenaires.

C'est ainsi qu'à partir de 2016, l'Espagne et le Portugal ont été intégrés dans la phase 2 de SCOOP@F. L'Autriche a souhaité également développer une coopération avec SCOOP@F dans le cadre de son projet national ECO-AT, qui lui-même fait partie du projet Corridor. Enfin, Orange et la société Open Trust (devenue par la suite IDNomic) ont été intégrées dans le consortium français. Orange participera au déploiement de l'infrastructure de télécommunications prenant en compte les réseaux cellulaires pour constituer une solution hybride. IDNomic gérera l'opérationnalité du système de sécurité et étendra celui-ci en fonction des besoins.

Des tests d'interopérabilité seront conduits entre les différents États membres qui participent à la phase 2.

Les applications et cas d'usage considérés en phase 1 et 2 sont synthétisés au niveau du tableau 3.1.3.2.

Tableau 3.1.3.2 : Applications et cas d'usage étudiés

NOM DE L'APPLICATION/CAS D'USAGE	
Collecte de données	Données de circulation (position, vitesse, direction)
	Données événementielles produites par les véhicules
	Données événementielles produites par les occupants des véhicules
Alertes chantiers	Signalisation chantiers programmés (fixes et mobiles, zones de salage)
	Signalisation d'intervention sur voies
	Signalisation véhicules prioritaires de viabilité hivernale
Signalisation embarquée - Information	Signalisation dynamique de vitesse
	Signalisation fixe
	PMV embarqué

Signalisation embarquée – Événements	Signalisation route temporairement glissante
	Signalisation d'un animal, d'une personne sur la route
	Signalisation obstacle sur la route
	Signalisation véhicule arrêté en panne
	Signalisation zone d'accident non sécurisée
	Signalisation visibilité réduite
	Signalisation véhicule à contresens
	Signalisation obstruction non gérée d'une route
	Signalisation freinage d'urgence
	Signalisation queue de bouchon
	Signalisation conditions météorologiques exceptionnelles
Information sur le trafic routier	Traficolor
	Temps de parcours
	Itinéraire recommandé
	Conseil d'accès à des Points d'Intérêts (POI)
Parcs relais et multimodalité	Localisation et disponibilité des parkings relais – Informations statiques
	Localisation et disponibilité des parkings relais – Informations dynamiques
	Horaire des prochains départs TC (fixes)
	Horaire des prochains départs TC (dynamiques)

Application ne disposant pas de messageries standards qui ne seront développées qu'en phase 2.

L'architecture système déployée (figure 3.1.3.3) est similaire au niveau des différentes régions avec quelques variations en fonction des systèmes existants de celles-ci.

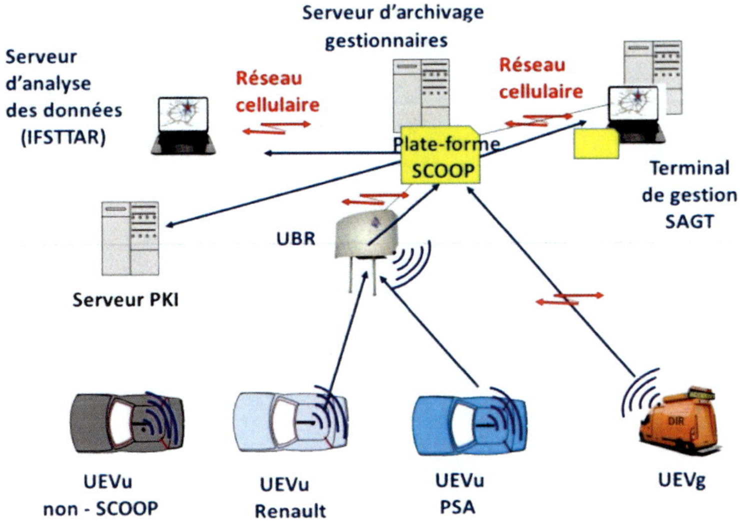

Figure 3.1.3.3 : Architecture du système SCOOP@F phase 1.
Source : Projet SCOOP@F

Sur cette figure :

• Les UEVU (Unités embarquées véhicules usagers) représentent 1 000 véhicules de série promis par PSA et 1 000 véhicules de série promis par Renault. Ces véhicules seront répartis dans les cinq régions partenaires ;

• Les UEVG (Unités embarquées gestionnaires) représentent les quelques centaines de véhicules en services équipés par les gestionnaires routiers ;

• Les UBR (Unités bord de route) représentent les quelques centaines d'unités bord de route déployées par les gestionnaires routiers des cinq régions ;

• La plate-forme SCOOP assurera le prétraitement des données échangées entre les UBR et les systèmes d'aide à la gestion du trafic routier des gestionnaires routiers ;

• Le serveur PKI assurera les services de gestion de la sécurité des systèmes déployés. En particulier, il assurera la distribution des certificats long terme (LTC) et court terme (PC) ;

• Le serveur d'analyse des données collectera les données de l'expérimentation et en fera les analyses d'impacts techniques et non-techniques associées au projet.

Ce projet SCOOP@F est maintenant suivi des projets INTERCOR et C-ROAD, acceptés par la Commission européenne en vue de favoriser les intégrations des divers projets européens de prédéploiement. En particulier, le projet C-ROAD servira de modèle de déploiement européen, que ce soit au niveau du système de gestion de la sécurité ou au niveau du système de validation (*compliance assessment*).

3.1.4 Le déploiement volontaire : projet Corridor

Comme suite au projet expérimental allemand SIM-TD, les constructeurs automobiles du C2C-CC qui ont signé le MOU et un certain nombre d'autorités routières de pays membres de la communauté européenne ont décidé de passer directement à un déploiement des systèmes coopératifs. C'est en particulier le cas des gouvernements allemand, autrichien et hollandais, lesquels ont signé un MOU de déploiement des systèmes coopératifs en 2013 (niveau des ministres des Transports).

Ce déploiement prévoit l'équipement d'un premier corridor partant de Rotterdam, passant par Francfort et Munich et aboutissant à Vienne (voir figure 3.1.4.1). Ce projet a été baptisé « projet Corridor ».

Deux applications seront systématiquement déployées au niveau des trois États :

• Collecte des données diffusées par les véhicules au moyen d'unités bord de route fixes et mobiles. Remontée de ces données prétraitées à des centres de gestion du trafic routier ;

• Signalisation des travaux routiers par des unités bord de route fixes et mobiles à destination des automobilistes.

D'autres applications seront déployées par ces trois États membres, mais sans nécessité d'un déploiement des mêmes applications.

Des concertations ont lieu en permanence entre le projet SCOOP@F et le projet Corridor, au niveau d'une association réunissant les constructeurs de véhicules et les gestionnaires routiers européens appelée « Amsterdam Group ».

Ces trois États membres comptent sur le déploiement de l'embarqué véhicule par les constructeurs de véhicules du C2C-CC qui ont signé le MOU.

Figure 3.1.4.1 : Projet de déploiement Corridor.
Source : Amsterdam Group

La stratégie de déploiement des 3 États membres est donc, à partir de ce premier corridor, de couvrir progressivement l'ensemble de leurs territoires, ce qui devrait être terminé à l'horizon 2020. Le retard du déploiement de véhicules de série équipés en systèmes coopératifs pénalise cependant le développement de ce projet dans la mesure où malgré l'équipement de l'infrastructure routière, aucun véhicule de série ne peut actuellement les utiliser.

3.2. AUX ÉTATS-UNIS

Les États-Unis ont progressé en parallèle de l'Europe. Cependant, dès qu'ils ont découvert que les Européens avaient démarré une activité de normalisation, ils ont alors souhaité harmoniser les standards (en prenant les leurs comme référence) et coopérer, ce qui a conduit à la mise en place d'une « *task force* Europe – USA » à laquelle s'est joint le Japon.

3.2.1 Un projet d'aide à la décision (Safety Pilot)

Très rapidement, l'administration américaine, le DOT et NHTSA ont essayé de cadrer l'usage de ces nouvelles technologies en coopération avec l'association de constructeurs automobiles CAMP. Ils se sont alors mis d'accord pour un déploiement pilote modèle appelé le « *safety pilot* » ou « *pilot deployment model* », en grande partie financé par le DOT/NHTSA (à 80 %), considérant que ce projet constituait un outil d'aide à la décision en ce qui concerne la stratégie de déploiement des systèmes coopératifs à suivre dans le futur. Bien sûr, ce projet devait évaluer la maturité technologique et les performances techniques du système déployé, mais il devait également évaluer un certain nombre d'aspects non-techniques, tels que l'acceptabilité client, l'organisation à mettre en place, les impacts sociétaux, les coûts et retours sur investissements, etc.

Cinq États ont participé à cette évaluation (voir figure 3.2.1.1) dont principalement celui du Michigan, qui a hébergé le projet pilote à Ann Harbor.

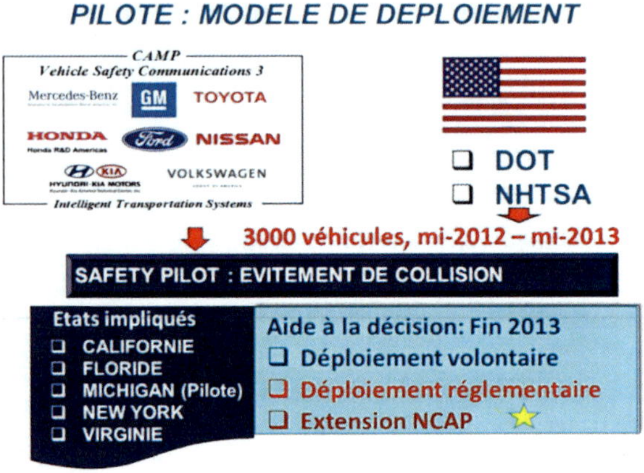

Figure 3.2.1.1 : Contributions aux activités d'évaluation des systèmes coopératifs aux Etats-Unis. Source : Auteur

Cependant, le principal site de déploiement modèle a été la ville d'Ann Harbor et ses environs au niveau de l'État du Michigan. Environ 3 000 véhicules ont été déployés avec une vingtaine d'unités bord de route principalement localisées au niveau d'intersections. Deux phases pilotes ont été réalisées avec des mises à jour du système entre les deux. Les applications ciblées étaient clairement des applications d'évitement de collision, soit :

- Détection d'un freinage d'urgence signalé par l'activation électronique des feux arrière d'indication de freinage (EEBL : Emergency Electronic Brake Lights) ;
- Alerte risque de collision avant (FCW : Forward Collision Warning) ;
- Alerte véhicule dans angle mort/changement de voie (BSW/LCW : Blind Spot Warning/Lane Change Warning). Peut être particulièrement utile au niveau des coopérations autos – motos ;

• Assistance au virage à gauche (LTA : Left Turn Assist), au niveau d'une intersection ;

• Assistance aux mouvements au niveau d'une intersection (IMA : Intersection Movement Assist) ;

• Alerte interdiction de passer (DNPW : Do Not Pass Warning). Prend en compte une violation de signal.

Les constructeurs participants n'ont pas tous implémenté les applications retenues (voir figure 3.2.1.2).

Les résultats obtenus ayant dépassé les espérances, aussi bien au niveau des performances techniques du système que de l'acceptabilité client (voir figure 3.2.1.3), l'administration américaine a donc décidé d'engager un processus de réglementation en ce qui concerne le déploiement.

En plus de ce processus de réglementation, il est prévu d'ajouter pour la cotation NCAP (*New Car Assessment Program*) la disponibilité des systèmes coopératifs et de leurs applications au niveau des véhicules (ajout d'une étoile dédiée à l'existence de cette capacité). Il est par ailleurs encouragé de développer des offres après-vente (seconde monte) afin d'équiper les véhicules en circulation.

Ces trois mesures devraient permettre un déploiement soutenu de cette nouvelle technologie et des applications d'évitement de collision qui en découlent.

Applications	Ford	GM	Honda	Mercedes	Toyota	Hyundai- Kia	Nissan	VW-Audi
EEBL	X	X	X	X	X			X
FCW	X	X	X	X		X	X	X
BSW / LCW	X	X	X	X	X	X	X (BSW)	
DNPW	X	X	X					
IMA	X	X	X	X	X			X
LTAP / OD							X	

Figure 3.2.1.2 : Applications mises en œuvre par les constructeurs automobiles participants. Source : Association CAMP

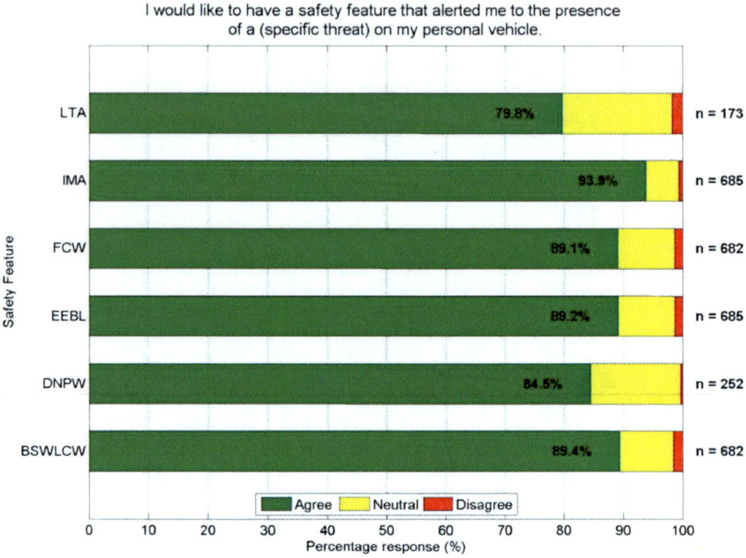

Figure 3.2.1.3 : Résultat de l'acceptabilité clients.
Source : Projet Safety Pilot

3.2.2 Une stratégie de déploiement réglementaire

La réglementation doit suivre cependant un processus lent de plusieurs années. Il s'agit en premier lieu de spécifier cette réglementation :

- Les orientations prises sont de rendre obligatoire, à partir d'une certaine date, l'équipement de tous les nouveaux types de véhicules mis sur le marché américain avec la technologie DSRC (IEEE 802.11p dans la bande des 5,855 – 5,925 GHz) ;
- De laisser les constructeurs de véhicules développer les applications d'évitement de collision leur paraissant les plus pertinentes.

Les orientations prises doivent maintenant être

soumises aux citoyens américains de façon à ce que ceux-ci puissent s'exprimer, avant un vote au Congrès. Puis il sera nécessaire de laisser une certaine période de temps pour permettre aux constructeurs de véhicules d'intégrer cette nouvelle technologie au niveau de leurs nouveaux types de véhicules.

Il est donc vraisemblable que cette réglementation ne soit pas applicable avant 2020, ce qui n'exclut pas un déploiement volontaire pouvant anticiper la réglementation, ce qui sera d'ailleurs le cas en ce qui concerne General Motors, qui a annoncé la mise sur le marché d'un nouveau véhicule équipé de DSRC à partir de 2017.

Après l'élection du nouveau président, il semblerait que cette stratégie de déploiement soit remise en cause, bien que pour le moment la situation reste floue.

3.3. EN ASIE

L'Asie est bien sûr une région du monde qui est en pointe sur ce sujet, mais avec des approches différentes au niveau des principaux pays la constituant.

3.3.1 Une approche fermée, le Japon

Le Japon a toujours été en avance au niveau de la communication véhicules – infrastructure dans la mesure où son territoire est peu étendu et donc peut être facilement couvert en termes d'infrastructure routière. Le Japon a déployé largement une infrastructure routière en premier lieu pour le télépéage, puis a généralisé son usage par le déploiement d'applications d'informations trafic et d'aide à la navigation.

Ces systèmes de communication travaillent dans une bande dédiée autour des 5,8 GHz, appelée également DSRC, mais n'ayant rien à voir avec le DSRC américain.

Le Japon a suivi avec attention les projets et la normalisation développés aussi bien aux États-Unis qu'en Europe, en participant à la *task force* USA – Europe dédiée aux ITS coopératifs. Ils ont lancé des expérimentations de coopération V2V, mais semblent préférer une bande de fréquence différente, située dans les 700 MHz, qu'ils ont récupérée lors de l'abandon de la télévision analogique. En ce qui concerne les couches protocolaires de communication et la messagerie applicative, ils développent leurs propres standards dérivés des standards européens et américains.

La figure 3.3.1.1 présente un certain nombre de cas d'usage des technologies de communication I2V (Infrastructure – Véhicule) ciblés au Japon.

Ces technologies sont souvent dotées d'une partie collecte d'information :

- Soit au moyen de capteurs tels que des caméras, des radars, des lasers, etc. ;
- Soit au moyen de communication locale avec des véhicules ou des vulnérables transitant à proximité.

Elles incluent également une partie diffusion de l'information collectée après traitement local de celle-ci.

Un des avantages mis en avant par les Japonais après le drame du tsunami a été que cette infrastructure locale est moins susceptible de défaillance (car largement répliquée à divers endroits) qu'une infrastructure globale basée sur des réseaux cellulaires (la perte d'une station de base peut pénaliser toute une région en fonction de la zone de couverture de cette station). En conséquence, ils supportent le déploiement d'une infrastructure de communication maillée.

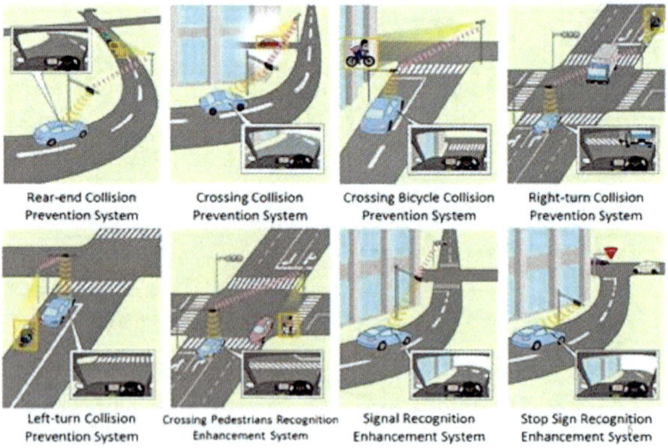

Figure 3.3.1.1 : Quelques exemples de cas d'usage I2V déployés au Japon. Source : Présentation japonaise

3.3.2 La réplication du modèle américain en Corée du Sud et à Taïwan

La Corée du Sud progresse également rapidement au niveau du déploiement des ITS coopératifs, mais contrairement au Japon, elle a adopté, comme cela a été fait à Taïwan, les standards américains et utilisera la même bande de fréquence que celle retenue aux États-Unis et en Europe. Il est probable qu'elle développe également une approche de type réglementaire imposant aux constructeurs de véhicules présents sur leur marché l'intégration de la technologie 5,9 GHz. Le gouvernement coréen étant le seul gestionnaire du réseau autoroutier couvrant le pays, celui-ci devrait être rapidement couvert d'unités bord de route standards. Il est possible qu'à partir d'une certaine date, les véhicules non équipés de cette technologie standard ne puissent plus alors accéder aux autoroutes.

Lors d'un échange international en 2012, la Corée a présenté son plan de déploiement des ITS coopératifs (figure 3.3.2.1).

Le choix de la technologie US DSRC/WAVE (IEEE 802.11p – 5,9 GHz) a été fait après une étude comparative des diverses technologies disponibles sur le marché à l'époque, c'est-à-dire : DSRC coréen (5,71 GHz), WAVE (IEEE 802.11p), WiBro (IEEE 802.11e), Infrared, HSDPA, WLAN (IEEE 802.11g), WiMax (IEEE802.16d).

Cette sélection s'est faite sur des critères techniques, de mise en œuvre pratique, d'interopérabilité et économiques.

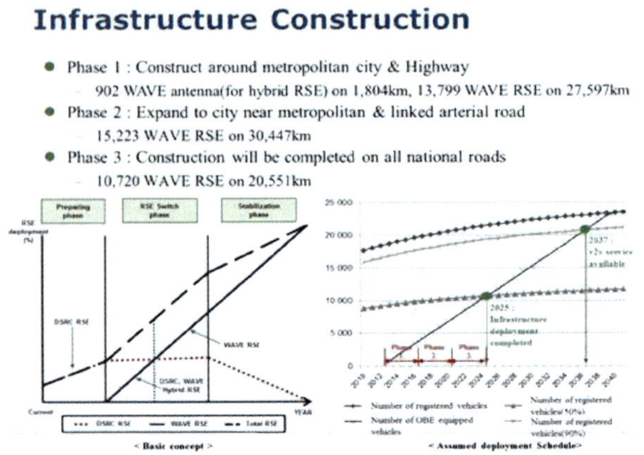

Figure 3.3.2.1 : Plan de déploiement des ITS coopératifs en Corée du Sud. Source : Intervenant Corée du Sud

3.3.3 Une orientation à venir, la Chine

Tandis que Taïwan travaille de façon active sur la technologie et le modèle américain, la Chine continentale ne s'est intéressée aux ITS coopératifs que récemment et s'oriente vers une technologie, en cours de développement, dérivée du LTE TDD (LTE V2X).

Cette technologie adaptée aux communications directe V2X bénéficiera des circuits intégrés développés pour la technologie LTE (4G, 5G), adaptés, développés massivement pour les Smartphones et autres équipements communicants. Elle utilisera les bandes allouées au 4G/5G aux opérateurs de télécommunications. L'aspect possiblement négatif est donc que l'usage de cette technologie peut ne pas être gratuit en fonction des modèles économiques développés par les opérateurs de télécommunications. Par contre, la bande passante allouée au 4G/5G étant importante, cela permettrait aux opérateurs de télécommunications de développer une certaine flexibilité d'allocation de cette bande passante aux communications V2X. L'un des principaux arguments des opérateurs de télécommunications est qu'il suffira alors d'un seul composant pour couvrir les réseaux locaux ad hoc et les réseaux locaux cellulaires. Il faut cependant noter que cela peut être également le cas avec le G5, car des fondeurs de silicium ont déjà démontré la possibilité d'intégrer le G5 et les réseaux cellulaires dans un même composant.

Il est peu probable que cette technologie puisse être réellement disponible au niveau mondial avant 2022, voire au-delà pour acquérir le niveau de confiance requis en termes de maturité et de performances. Elle va donc se heurter à un déploiement sérieux du G5 (IEEE 802.11p) en Europe, aux États-Unis et dans un certain nombre d'autres régions du monde.

Le long processus requis pour l'introduction massive d'une nouvelle technologie, surtout lorsqu'il existe déjà une technologie concurrente déployée, entraînera probablement un délai d'un certain nombre d'années avant un déploiement massif de cette technologie dans les régions utilisant le G5. Par contre, le marché chinois est un marché suffisamment important pour booster ce déploiement du LTE – V2X.

UNE TENTATIVE D'HARMONISATION AU NIVEAU MONDIAL

La Commission européenne, le ministère des Transports américain (DOT/NHTSA) et le ministère des Transports japonais ont créé une « *task force* » internationale au niveau des systèmes coopératifs afin d'essayer d'harmoniser les standards qui les supportent ainsi que les plans de déploiement. Le résultat s'est avéré « moyen », dans la mesure où les plans de déploiement se sont rapprochés, la cible étant maintenant 2019 – 2020, que ce soit en Europe ou aux États-Unis. Certains standards ont pu être harmonisés, en particulier en ce qui concerne les couches basses du modèle de référence ISO (couches physiques et accès) ainsi que la messagerie en particulier au niveau de la sécurité routière (messages CAM et BSM). Il en va de même au niveau de la sécurité du système, qui s'est alignée sur le standard IEEE 1609 des États-Unis. Le Japon a démarré un déploiement plus rapide au niveau de la communication Infrastructure – Véhicules, mais a tardé à développer les communications Véhicule-Véhicule (V2V) dans une bande spécifique au Japon (700 MHz). Les États-Unis, eux, se sont concentrés sur l'évitement de collision en utilisant principalement les communications V2V. Ils ont cependant démarré également des projets de prédéploiement de type Infrastructure – Véhicule principalement dans le Michigan et dans certaines grandes villes comme New York, suivant ainsi l'exemple des Européens.

Il est peu probable que l'on arrive à une bonne harmonisation de ces systèmes à travers le monde, en particulier parce que la Chine s'est engagée vers d'autres solutions au niveau des couches basses (LTE V2V). Cela compliquera le marché des systèmes coopératifs qui devront s'adapter alors aux standards en vigueur au niveau des grandes régions du monde.

4.
PERSPECTIVES D'ÉVOLUTION

4.1. DÉPLOIEMENT PHASE 1.5

Dans le cadre de la plate-forme C-ITS de la Commission européenne, une phase de déploiement identifiée en tant que 1.5, prévoit l'ajout d'un certain nombre d'applications/cas d'usage supplémentaires qui sont :

- 1. La diffusion d'information sur l'état des parkings hors route (Off street parking information) ;
- 2. La diffusion d'information sur l'état des parkings en bord de route et l'aide à la gestion de ces parkings (On street parking information and management) ;
- 3. Information concernant les parkings de transition intermodaux (Park & Ride (P & R) Information) ;
- 4. Information concernant les points d'approvisionnement en énergie (carburants et points de recharge électriques) ;
- 5. Information trafic et itinéraires recommandés en cas d'embouteillage (Traffic information and smart routing) ;
- 6. Contrôle d'accès au niveau des zones urbaines (Zone access control for urban areas) ;
- 7. Gestion des zones de chargement et déchargement (Loading zone management).
- 8. Protection des usagers vulnérables de la route (piétons et cyclistes) ;

- 9. Alerte risque de collision coopérative ;
- 10. Indication de l'approche d'une moto ;
- 11. Alerte sur conduite à contresens.

Ces applications et cas d'usage sont bien sûr importants. Cependant, un certain nombre d'entre eux ne sont pas actuellement vraiment pris en compte au niveau du développement des standards de messagerie indispensables à leur mise en œuvre. Quelques-uns de ces cas d'usage ont été cependant déjà considérés ou sont pris en compte actuellement par l'ETSI (4, 8, 9, 10, 11). On peut signaler, dans le cadre de la plateforme C-ITS de la Commission européenne, de nouveaux groupes de travail pour faciliter le déploiement de ces nouveaux services, soit par exemple NMS (*New Mobility Services*), travaillant plus particulièrement au niveau de l'environnement urbain.

4.2. DÉPLOIEMENT PHASE 2

La phase 2 est principalement dédiée à l'évitement de collision, qui est l'ultime étape pour l'atteinte de l'objectif de la Commission européenne et des États membres européen du Zéro accident grave à l'horizon 2050. Ici, ce que l'on entend par « gravité » est soit la mort d'un usager, soit des blessures graves créant un handicap. Pour atteindre cet objectif, il nous faudra alors faire de l'évitement de collision automatisé, car il est démontré qu'un être humain n'aura jamais la possibilité d'assurer l'action d'évitement de collision requise quelques secondes avant une zone de collision hautement probable et ceci quels que soient son expérience de conduite et son état de vigilance.

Bien que l'on n'ait pas besoin d'une automatisation complète et continue du véhicule pour atteindre cet objectif, celle-ci ne devenant impérative que 2 à 3 secondes avant la collision, il est clair que cet objectif d'évitement de collision sera partagé avec le véhicule à délégation de conduite car il sera alors inacceptable que ce dernier puisse lui-même provoquer un accident pendant une période d'automatisation. Il sera d'ailleurs vraisemblablement nécessaire d'ajouter une « boîte noire », comme dans les avions, au niveau du véhicule à délégation de conduite, en particulier dans sa phase d'automatisation partielle, de façon à être à même d'identifier avec certitude la responsabilité d'un accident (responsabilité du constructeur en phase de délégation de conduite ou responsabilité du conducteur en phase de conduite humaine). Il est à noter que même en phase de conduite humaine, le conducteur peut ne pas être considéré comme responsable dans le cas où la restitution du contrôle du véhicule par le système électronique du véhicule n'est pas réalisée dans des conditions de sécurité imposées (ex : le conducteur n'a pas le niveau de vigilance requis pour reprendre le contrôle du véhicule ou il a été prévenu trop tardivement pour être capable d'éviter un accident).

Bien sûr, la présence d'une boîte noire dans le véhicule va se heurter probablement à une levée de boucliers des défenseurs de la vie privée des usagers. Il sera donc nécessaire de prendre rapidement en compte cette question de façon à bien baliser l'usage de cette boîte noire (voire par la suite les analyses d'impacts).

Cette boîte noire peut ne pas être située dans le véhicule lui-même mais au niveau d'un serveur central au bord du cloud (Edge). Cela entraînera alors la nécessité d'une remontée importante d'informations qui peut cependant être calibrée intelligemment en fonction des criticités des situations rencontrées par les véhicules.

La circulation automobile est quelque chose de compliqué. Les véhicules doivent rester dans des couloirs tracés sur une topographie de routes se croisant, variant en altitude, présentant des hauts de côtes sans aucune visibilité au-delà de ceux-ci, avec des virages bordés d'obstacles obstruant la perception (voir figure 4.2.1 provenant du projet PAC V2X). Les véhicules doivent respecter un Code de la route compliqué, interpréter des panneaux et signaux parfois difficilement visibles (masqués par d'autres véhicules). Les véhicules doivent se partager les mêmes voies et partager celles-ci avec d'autres usagers selon des règles en principe clairement définies, mais pas toujours respectées. Ils doivent également être à même de prendre en compte des événements inopinés imprévisibles (chutes d'objets, apparitions d'animaux sur la voie, mauvaises conditions météo, séismes, etc.).

Figure 4.2.1 : Quelques exemples de situations de circulation complexes traitées par PAC V2X. Source : Projet PAC V2X

Compte tenu d'une telle complexité de l'environnement de circulation et du trafic, il sera nécessaire de combiner plusieurs types de technologies :

- Les technologies d'aide à la conduite (ADAS : Advanced Driver Assistance System) incluant tous types de capteurs pertinents tels que les caméras, les radars et les lidars ainsi que leurs systèmes de traitement des données collectées ;

- Les technologies de télécommunications locales et globales (appelées « connectivité » ou « télématique ») permettant le développement de la coopération entre véhicules et entre véhicules et infrastructure routière.

L'objectif de cette combinaison est d'obtenir un niveau de perception de l'environnement tel que le résultat puisse être utilisé en pleine confiance afin d'analyser en continu et en temps réel la situation (analyse du risque de collision) afin de pouvoir décider de la meilleure stratégie d'évitement à entreprendre.

La sûreté de fonctionnement doit être absolue, comme pour tout produit pouvant porter atteinte à un être humain ou à lui-même. On peut à ce niveau s'inspirer des trois lois de la robotique (puisque le véhicule devient un robot) proposées par Isaac Asimov :

- Un véhicule ne peut porter atteinte à la vie d'un être humain, ni en restant passif, permettre qu'un être humain soit exposé au danger. Cela est bien sûr valable pour les usagers du véhicule se trouvant à l'intérieur de celui-ci, comme pour les usagers de la route se trouvant à l'extérieur. Si un véhicule détecte qu'un être humain est en danger, il peut bien sûr signaler l'existence de ce danger aux autres véhicules en diffusant un message d'alerte (objet du développement du message standard CPM (Collective Perception Message) par l'ETSI). Dans certaines circonstances, un véhicule peut ne pas avoir la possibilité d'éviter une collision, il devra alors choisir la meilleure stratégie permettant de minimiser les impacts de cette dernière sur les êtres humains. Cela peut alors consister à utiliser au mieux les équipements de « precrash » disponibles.

- Un véhicule doit obéir aux ordres qui lui sont donnés par un être humain, sauf si de tels ordres entrent en conflit avec la première loi. Cela peut être une solution de sauvegarde dans l'hypothèse où l'électronique du véhicule serait défaillante, suite à une panne ou à une attaque externe, dans ce cas, l'être humain doit pouvoir reprendre le contrôle de son véhicule. Cependant, cela signifie qu'il faut que l'électronique du véhicule puisse détecter elle-même son état de défaillance (son incapacité à protéger l'être humain) et reste capable de restituer le contrôle de ce dernier au conducteur humain. S'il n'y a pas de conducteur dans le véhicule (ex : véhicules automatisés de niveaux 4 et 5), il faudra alors que le véhicule puisse être monitoré, voire télécontrôlé, à partir d'un site distant. Cependant, un véhicule peut ne pas obéir aux ordres d'un conducteur si le système électronique du véhicule détecte, avec un grand niveau de confiance, une atteinte à la première loi (défaillance humaine ou attaque terroriste).

- Un véhicule doit protéger son existence tant que cette protection n'entre pas en conflit avec la première et la seconde loi. Dans l'hypothèse où un évitement de collision n'est pas possible, bien sûr les êtres humains doivent être privilégiés en priorité tout en minimisant les effets de l'impact sur le véhicule.

L'ensemble de ces lois est bien sûr applicable à la protection du véhicule contre un vol de ce dernier (3e loi), mais de façon plus générale à l'usage d'un véhicule pour commettre un attentat.

Dans ce dernier cas, le véhicule doit absolument refuser d'obéir au conducteur (2e et 1re lois).

La sûreté de fonctionnement comprend la détection d'une défaillance liée à une panne matérielle ou logicielle et inclut également une défaillance (déviation de son comportement normal) suite à une cyberattaque (attaque externe via une interface exposée). Il sera donc nécessaire :

- De répertorier toutes les défaillances possibles et de caractériser celles-ci ;
- D'être à même de détecter toutes les défaillances ainsi répertoriées ;

- De signaler ces défaillances en y associant leurs principales caractéristiques ;

- De spécifier la stratégie à suivre de façon à rendre le système « tolérant aux fautes », c'est-à-dire mettre ce dernier dans un mode de fonctionnement (en principe « silencieux ») lui permettant de respecter au mieux les trois lois de la robotique. Cela peut, dans un certain nombre de cas, consister à immobiliser le véhicule et à lancer un SOS.

4.3. PROJET PAC V2X

Ce projet, subventionné par le FUI (Fonds unique interministériel) et la région Île-de-France, a démarré le 1er septembre 2016. Il est coordonné par la société SVMS (Signature Vertical & Mobility Solutions), faisant partie du groupe Vinci/Eurovia. Les autres partenaires du projet sont :

- L'IEED VeDeCom, institut de recherche regroupant des acteurs importants du domaine des ITS comme les constructeurs automobiles PSA et Renault, les équipementiers automobiles tels que Valeo ou les opérateurs de transport routiers, etc. ;
- La PME DigiMobee, qui est spécialisée dans l'intégration des ITS au niveau des transports publics et est fortement impliquée dans la normalisation de ceux-ci au niveau du CEN ;
- L'Institut de recherche national en informatique et automatisme INRIA, bien connu pour ses recherches sur le véhicule à délégation de conduite ;
- La société Logiroad, travaillant sur la perception et en particulier sur le développement de l'IA à base de réseaux de neurones ;
- L'éditeur de logiciel Marben Products, leader du marché au niveau des logiciels standards pour les systèmes coopératifs ;
- La société d'autoroute SANEF et sa filiale SAPN en

charge des opérations sur l'autoroute A13, qui devrait être utilisée pour certaines expérimentations PAC V2X ;

• La start-up VICI (Véhicule – Infrastructure Coopératives Innovations) dont les travaux seront centrés sur la validation du système, sa sûreté de fonctionnement et sa normalisation au niveau ETSI.

Les instituts de recherche et industriels participant à ce projet sont bien sûr convaincus de la complémentarité des systèmes d'aide à la conduite (ADAS) et de la connectivité coopérative afin de pouvoir traiter convenablement certaines situations de trafic ne permettant pas une perception suffisante au moyen d'une seule de ces technologies. Certaines de ces situations ont été retenues et font donc l'objet de développements applicatifs mis en œuvre à travers quelques cas d'usage significatifs (voir figure 4.3.1).

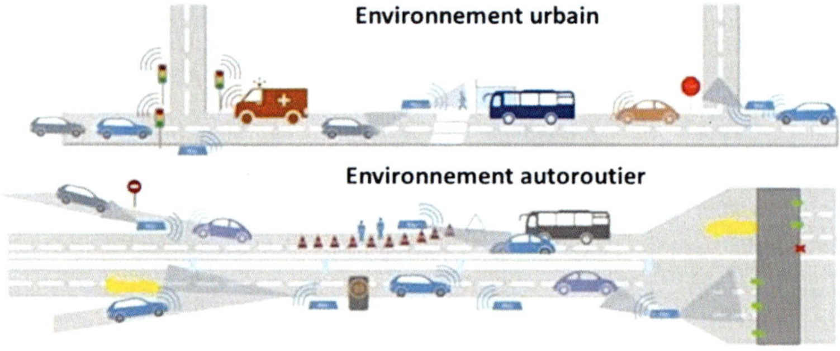

Figure 4.3.1 : Applications et cas d'usage développés dans PAC V2X
Source : Projet PAC V2X

Les applications et cas d'usage présentés sur la figure 4.3.1 prennent en compte un environnement urbain comme un environnement autoroutier. Le tableau 4.3.2 ci-dessous fournit une synthèse de ces applications et cas d'usage.

Tableau 4.3.2 : Synthèse des cas d'usage développés et testés

Applications	**Cas d'usage**	**Environnement**	**Description**
Alerte en cas de risque de collision	Violation d'un signal à une intersection	Urbain	Détection et signalement par une unité bord de route de la violation d'un signal à une intersection
	Véhicule à contresens	Sortie autoroute	Détection et signalement d'un véhicule entrant à contresens en sortie d'autoroute par une unité bord de route
Assistance au changement de voie	Dépassement d'un véhicule à l'arrêt	Urbain, bus en stationnement	Assistance au dépassement d'un bus, par une unité bord de route, pour un évitement de collision avec un véhicule/vulnérable masqué par le bus.
	À un poste de télépéage	Autoroute	Guidage par une unité bord de route, d'un véhicule automatisé vers la voie de péage pertinente
Assistance à la fusion de voie	En entrée d'autoroute	Autoroute	Assistance par une unité bord de route à l'insertion, sans risque et optimisé, d'un véhicule automatisé entrant sur autoroute
	Sur rétrécissement au niveau d'une zone de travaux	Autoroute	Assistance par unité bord de route au changement de voie, sans risque et optimisé, d'un véhicule automatisé au niveau d'une zone de travaux

Contrôle et ordonnancement du trafic	Véhicule prioritaire à intersection	Urbain	Assistance au passage de véhicules prioritaires/vulnérables par une unité bord de route au niveau d'une intersection
	Poste de télépéage	Autoroute	Assistance par une unité bord de route à la traversée optimisée d'un poste de télépéage.
Diffusion de limites de vitesse contextuelles	Général	Tout environnement	Diffusion par une unité bord de route de limite de vitesse contextuelle devant être impérativement appliquée par un véhicule automatisé.

L'une des premières questions qui s'est posée a été de définir la stratégie de répartition de l'intelligence artificielle, en particulier entre les unités bord de route et les véhicules. En effet, il existait au moins deux stratégies bien distinctes :

- Laisser l'entière responsabilité aux véhicules. Dans ce cas, les UBR ne faisaient que communiquer leur perception aux véhicules, qui devaient alors fusionner celles-ci avec leurs propres perceptions de la situation afin d'analyser les risques de collision. Cette communication de perception des UBR pouvait se faire facilement à partir de messages standards de type CAM reconstitués, voire à partir de nouveaux messages CPM (Cooperative Perception Message) en cours de développement à l'ETSI ;

- Laisser une grande responsabilité aux UBR. Dans ce cas, les UBR diffusent des consignes de trajectoire et de vitesse aux véhicules afin d'assurer l'évitement de collision. Il est cependant clair que chaque véhicule conserve la responsabilité finale de décision. Pour cela, à chaque information communiquée par une UBR ou collectée par le système de perception du véhicule doit être associé un niveau de confiance afin d'aider le véhicule dans son analyse de risque. En cas de mauvaise perception locale, alors le véhicule peut tout simplement appliquer les consignes reçues par les UBR, si les niveaux de confiance associés à ces consignes sont élevés. La diffusion des consignes des UBR sera faite au moyen d'un nouveau message en cours de développement au niveau ETSI (MCM : Manœuvre Coordination Message). Il est à noter que, dans certaines situations, les instructions contenues dans un message MCM peuvent devenir impératives (ex : attaque terroriste, non-respect d'une interdiction majeure par un véhicule).

Bien sûr, des répartitions de l'IA différentes pourraient être considérées. La deuxième solution va être explorée car elle permet d'une part d'obtenir une meilleure perception de l'ensemble au niveau d'une UBR judicieusement positionnée, mais surtout d'ordonnancer intelligemment le trafic en fonction du Code de la route, mais également des temps d'attente des véhicules en cas de fort trafic. Dans ce cas, l'UBR joue également le rôle d'un « agent de la circulation virtuel » régulant le trafic. Ce message MCM tirera parti de la diffusion sélective (Muliticast) telle que représentée sur la figure 4.3.3 ci-dessous.

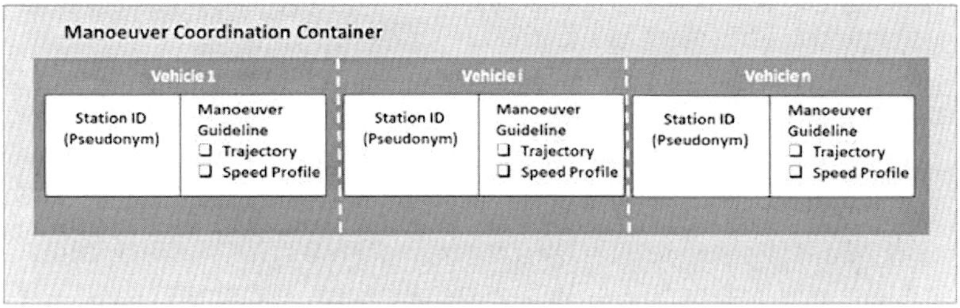

Figure 4.3.3 : Contenu principal du message standard MCM. Source : Auteur

Le message MCM est diffusé à l'ensemble des véhicules conformes se trouvant dans le réseau local ad hoc de l'UBR. Les messages MCM reçus sont communiqués systématiquement à la couche fonctionnelle « facilités » et à la fonction de contrôle de pertinence des messages. Si le message est jugé pertinent, il sera traité par l'application d'évitement de collision. La pertinence du message peut être régulée de différentes façons :

- Soit le véhicule ne conserve que la partie qui lui est spécifique (identifiée par l'identifiant du véhicule sujet (Station ID)) ;
- Soit le véhicule analyse tous les messages adressés aux véhicules, ce qui lui permet alors d'identifier la stratégie d'ensemble d'évitement de collision et ainsi d'ajuster son propre comportement de façon cohérente avec l'ensemble.

Il est à noter que lorsqu'un véhicule conforme à PAC V2X entre dans le champ de communication d'une UBR PAC V2X, la station C-ITS du véhicule doit inhiber tout changement de pseudonyme tant que le véhicule restera dans cette zone afin que l'UBR ne perde pas celui-ci pendant une certaine période de temps critique à un évitement de collision. Pour cela, une UBR PAC V2X devra diffuser en permanence des messages standards à une fréquence comprise entre 1 et 10 hertz afin de signaler sa présence et donc sa capacité d'évitement de collision aux véhicules entrant dans son réseau local ad hoc et ceci même s'il n'y a pas risque de collision.

Le projet PAC V2X traite donc en priorité l'évitement de collision, objet du déploiement phase 2 européen, mais il contribue également à l'ordonnancement du trafic, que ce soit au niveau d'une intersection ou d'un poste de péage autoroutier. Au niveau d'une intersection, l'ordonnancement prend en compte les véhicules prioritaires ainsi que les traversées de vulnérables en agissant sur les feux de trafic, ceux-ci pouvant devenir virtuels dans une phase d'automatisation importante des véhicules. Au niveau d'un poste de péage autoroutier, les véhicules automatisés peuvent alors être dirigés vers des voies spécialement équipées pour eux et ceci en fonction de leurs niveaux de disponibilité respectifs. En ce qui concerne les postes de péage autoroutiers, un nouveau message standard (TAM : *Tolling Announcement Message*) sera proposé à l'ETSI ou à un autre organisme de standardisation européen par les partenaires du projet.

INTÉGRATION VÉHICULE TERRESTRE ET VÉHICULES AÉRIENS AUTOMATISÉS

Deux évolutions majeures dans le domaine des systèmes de transport intelligents font actuellement l'objet de recherches et de développements soutenus, il s'agit :

- Des véhicules aériens sans pilote tels que les drones et les mini-drones qui pullulent pour diverses applications civiles et militaires. Ces véhicules automatisés (à délégation de conduite) possèdent des caractéristiques et fonctions similaires aux véhicules terrestres automatisés. La grande différence est qu'ils se déplacent dans un espace à trois dimensions et sont beaucoup moins contraints en termes de chemins à suivre. Par contre, ils sont beaucoup plus sensibles aux problèmes d'autonomie et de sûreté de fonctionnement car une défaillance énergétique conduirait à un écrasement terrestre pouvant avoir des conséquences dramatiques s'ils ne sont pas contrôlés ;

- Des automobiles volantes (voir figure 4.4.1 ci-dessous) pouvant transporter des personnes et des marchandises. Le transport de marchandises est déjà possible au niveau des drones et mini-drones (voir par exemple les projets d'Amazon et de La Poste pour les livraisons de colis). Des premiers prototypes d'automobiles volantes ont été déjà présentés. Ceux-ci sont dérivés d'avions nécessitant une piste d'envol qui peut très bien être la chaussée, ou à décollage vertical comme un hélicoptère. Les drones ayant une autonomie suffisante peuvent très bien donner naissance à ces automobiles volantes dans la mesure où l'on se sera affranchi du problème d'autonomie et de sûreté de fonctionnement.

Taxi volant AIRBUS
Source: RECHERCHE

Taxi volant EHang 184 devrait pouvoir circuler à DUBAÏ, été 2018
Source: L'Usine aéro

Taxi Volant UBER développé en coopération avec la NASA
Source: Demotivateur

Figure 4.4.1 : Quelques exemples de taxis volants pouvant voir le jour à court terme.
Source : Auteur à partir de photos provenant d'Internet

Il est à noter que la société Uber, en coopération avec la NASA, a annoncé le développement d'un taxi aérien autonome qui devrait être disponible en 2020 !

Dans l'état actuel des choses, il est cependant déjà possible de développer des services et applications intégrant des véhicules terrestres et des véhicules aériens sans pilotes et en particulier des mini-drones professionnels à coûts raisonnables (< 5 000 €). Quelques exemples sont proposés dans les sections suivantes.

4.4.1 Au niveau du processus de validation

La validation des systèmes coopératifs, comme celle des véhicules à délégation de conduite, comporte une phase d'évaluation des capacités du système à monter en charge (scalabilité), c'est-à-dire, sa capacité à assumer ses fonctions avec les performances minimales spécifiées et ceci sous un certain niveau maximum de charge. Aujourd'hui, ces essais sont difficiles et coûteux car il faudrait disposer et faire se déplacer des centaines de véhicules (voire dans certains cas des milliers) afin de vérifier en particulier que le réseau local de communication ad hoc et ses mécanismes de contrôle de congestion soient capables de supporter une certaine charge maximum spécifiée. On peut bien sûr utiliser des moyens de simulations pour cela, seulement les résultats peuvent ne pas correspondre du tout à la réalité si les modèles utilisés ne reflètent pas suffisamment celle-ci ou si les paramètres donnés ne correspondent pas au fonctionnement réel du système. Par ailleurs, certains résultats peuvent être biaisés en fonction des intérêts des organisations ayant effectué ces simulations.

Aux États-Unis, dans le cadre du Safety Pilot, de l'ordre de 200 véhicules stationnés sur un parking en Californie ont diffusé à une fréquence double (20 hertz) des messages BSM afin d'étudier le comportement du réseau DSRC (IEEE 802.11p) à charge élevée. Cela est bien sûr très coûteux et ne reflète pas complètement la réalité dans la mesure où ces véhicules ne se déplaçaient pas.

Une solution alternative serait d'utiliser des mini-drones se déplaçant au-dessus de circuits routiers (à 2 ou 3 mètres) en essaims, à des vitesses variables, de façon à représenter au mieux un trafic routier plus ou moins dense (voir figure 4.4.1.1).

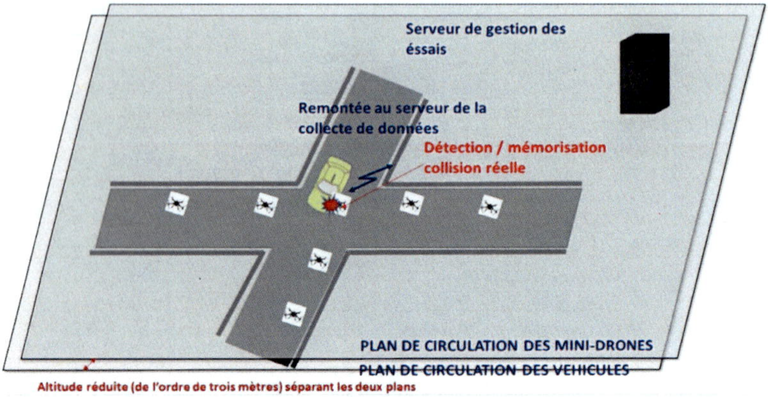

Figure 4.4.1.1 : Utilisation de mini-drones pour validation de montée en charge du système. Source : Auteur

Dans cette hypothèse, on peut bien sûr engager et plus ou moins synchroniser quelques centaines de mini-drones se déplaçant et communiquant de façon standard dans le canal du réseau local ad hoc que l'on veut tester en montée de charge.

Par ailleurs, tel que représenté sur la figure 4.4.1.1, on peut également utiliser ce principe afin de réaliser en circuit fermé protégé des essais d'évitement de collision, que ce soit au niveau des véhicules coopératifs ou au niveau des véhicules à délégation de conduite.

Dans ce dernier cas, il suffit de faire évoluer les mini-drones (représentant des véhicules terrestres) dans un plan se trouvant à environ trois mètres de hauteur relativement au plan d'évolution des véhicules terrestres, de façon à éviter des collisions réelles tout en se donnant la capacité de détecter des collisions virtuelles (égalité à un instant donné des positions GPS d'un véhicule terrestre et d'un mini-drone).

Applications de sécurité

Les applications de sécurité sont multiples. Nous prendrons ici deux exemples qui peuvent être mis en œuvre rapidement :

- Lors de la détection d'un événement routier inopiné, un ou plusieurs mini-drones se trouvant en attente active, à proximité (à un ou deux km) peuvent être automatiquement envoyés afin de collecter des données multimédias (photos, vidéo, etc.) sur la situation générée par cet événement inopiné et remonter par télécommunication ces données collectées aux autorités responsables des secours et de la protection de la zone (voir figure 4.4.2.1). Par ailleurs, le mini-drone se trouvant sur place peut alors agir comme un patrouilleur en diffusant aux véhicules terrestres se déplaçant à proximité des consignes et recommandations sécurisant la zone tout en réduisant la gêne, au niveau du trafic routier, causée par cet événement inopiné. Un mini-drone situé à environ 1 km peut être sur place en moins d'une minute, ce qui permet très rapidement aux autorités responsables de collecter des informations sur la situation et de dépêcher les moyens d'intervention requis, de façon optimisée ;

- En situation de crise, lors d'une catastrophe (tremblement de terre, inondation, incendie, éboulement, accident nucléaire ou chimique, etc.) en particulier en milieu urbain, une flotte de mini-drones peut être automatiquement envoyée aux endroits stratégiques afin de sécuriser ceux-ci, de collecter des informations à destination des autorités locales et de commencer à agir sur le trafic routier à travers la diffusion d'informations aux véhicules terrestres, mais également à travers l'action distante sur les moyens de signalisation (ex : feux de trafic). Cet essaim de mini-drones peut également se substituer à un réseau cellulaire défaillant en créant un réseau maillé permettant d'atteindre une autre antenne du réseau cellulaire restant, elle, en activité ;

• De façon générale, les mini-drones peuvent être dépêchés en certains points pour devenir des agents de la circulation virtuels, remplaçant par exemple les feux de trafic, pendant certaines périodes de pointe. Cela pourrait devenir très utile au niveau d'intersections ou de ronds-points voyant un flot continu de véhicules pouvant gêner des véhicules automatisés, qui, eux, n'auront pas la flexibilité d'un être humain pour plus ou moins violer les priorités/interdistances minimum entre véhicules lors de ces situations d'embouteillage.

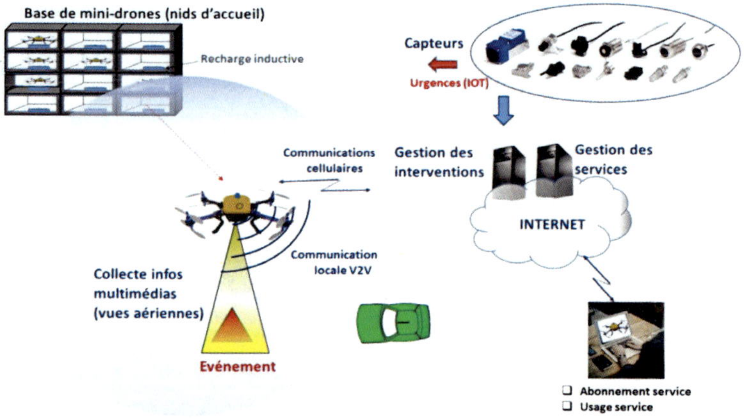

Figure 4.4.2.1 : Exemple d'intervention et coopération sur événement. Source : Auteur

Il est à noter qu'en ce qui concerne les véhicules aériens automatisés, ceux-ci n'ayant pas de plaques d'immatriculation, il sera nécessaire pour eux de pouvoir être identifiés et authentifiés à distance. Pour cela, les réseaux locaux ad hoc standards ayant une portée de l'ordre du km pourront être utilisés en assurant la diffusion continue de messages d'identification et d'authentification requis permettant aux forces de police de vérifier qu'il ne s'agit pas d'un drone pouvant être à l'origine d'actions illégales, voire d'attaques terroristes.

Ce type de système est typiquement un exemple d'Internet des objets incluant une coopération étroite entre plusieurs objets (les véhicules aériens automatisés, les véhicules routiers et les capteurs détectant des événements inopinés).

ORGANISATION
ET ANALYSE D'IMPACTS

L'analyse d'impacts est une activité incontournable de façon à anticiper, voire justifier, selon divers points de vue, les évolutions d'un domaine.

Au préalable, il est cependant nécessaire de présenter les orientations prises par les autorités européennes en ce qui concerne l'organisation à mettre en place afin de permettre l'interopérabilité des systèmes déployés au niveau européen, mais également leur sûreté de fonctionnement.

5.1. ORGANISATION EUROPÉENNE

La plate-forme C-ITS de la Commission européenne, dans sa phase 2, a permis de dégager un premier modèle d'organisation européenne (voir figure 5.1.1) pour la validation (*compliance assessment*) des produits qui devraient être mis en œuvre très rapidement maintenant afin d'être opérationnels dès le début des ITS coopératifs.

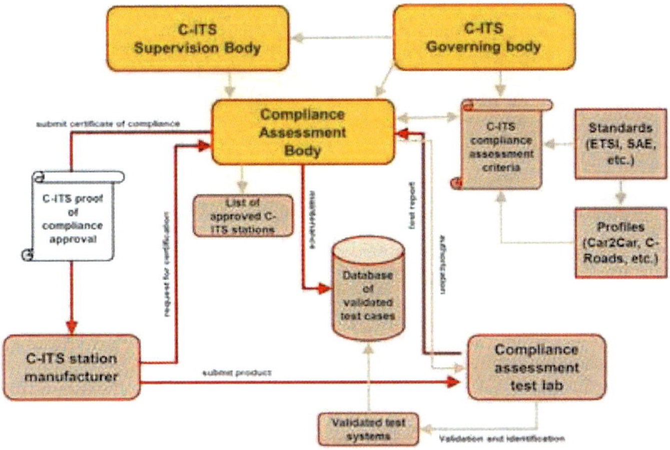

Figure 5.1.1 : Modèle d'organisation européenne pour la validation des C-ITS.

Ce modèle concerne principalement la validation des éléments essentiels d'un système coopératif (véhicules et unités bord de route). L'organisation sera limitée, dans un premier temps, aux tests de conformité et d'interopérabilité des stations C-ITS. Ce modèle peut également être utilisé au niveau de la sécurité du système. Il est vraisemblable que dans le futur, pour le déploiement des véhicules à délégation de conduite, cette organisation devra être étendue afin de prendre en compte la sûreté de fonctionnement ainsi que les capacités d'évolution sans risque du système.

Dans ce modèle, on distingue trois niveaux d'organisation :

- Le niveau « gouvernance » (C-ITS Governing body), qui décide des orientations de l'organisation, des évolutions des validations en fonction des innovations technologiques et applicatives, des profils standards à prendre en compte, des applications et cas d'usage à valider, etc. ;

- Le niveau « opération » (Compliance Assessment body) qui coordonne les essais de validation à réaliser concernant un produit spécifique et rapporte des résultats au(x) client(s) ;

- Le niveau « supervision » (C-ITS Supervision body), qui monitore les systèmes opérationnels (fonctionnalités, performances) qui ont été mis en service après validation formelle. Ce monitoring permet de détecter les problèmes opérationnels, voire de les anticiper grâce à une analyse de leurs performances.

Les produits validés seront enregistrés dans une base de données publique. Les informations sur les cas d'usage qui devront être validés ainsi que les procédures de validation seront mises à disposition des laboratoires accrédités également dans une base de données.

Les produits validés pouvant être mis sur le marché européen seront identifiés par un label de qualité.

Les standards constituant les profils utilisés pourront

être développés volontairement par les organismes de normalisation européens (CEN, ETSI) ou feront l'objet d'un mandat de développement émis par la Commission européenne (ex : M/453).

Cette organisation minimale, vraisemblablement gérée par la Commission européenne, devra être complétée par des organisations privées prenant en compte les aspects non couverts au niveau européen public. Ces aspects pourront d'ailleurs être progressivement intégrés dans le modèle européen en fonction des diverses phases de développement. Ce sera vraisemblablement le cas lorsque les systèmes coopératifs viendront compléter les moyens de perception autonome des véhicules automatisés afin de faire de l'évitement de collision.

Lors du déploiement phase 1, la Commission européenne ne considérera que les stations C-ITS se trouvant au niveau des véhicules et au niveau des unités bord de route. Les composants critiques (modems G5 et HSM pour la sécurité) constituant ces unités C-ITS devront par ailleurs avoir été homologués au niveau européen avant d'être montés dans les stations C-ITS.

Il est à noter que dès qu'il deviendra nécessaire d'analyser finement les comportements du système dans des situations critiques d'évitement de collision, les essais réalisés lors des validations sur site fermé protégé ou sur site ouvert donneront potentiellement naissance à des modèles de comportement de référence pouvant être utilisés lors des phases opérationnelles afin de vérifier que les comportements réels du système ne dévient pas de façon anormale, ces déviations pouvant être le résultat de dégradations ou de cyberattaques. Ce monitoring du comportement du système, lors des phases critiques d'évitement de collision, peut bien sûr conduire à des opérations de maintenance préventive, voire à un arrêt du service de conduite déléguée au véhicule.

Ce monitoring des comportements des éléments d'un système au cours de sa vie opérationnelle conduira donc à une collecte en temps réel (big data) des principales caractéristiques dynamiques (trajectoires, profils de vitesse) de ces éléments pendant les phases critiques d'évitement de collision. Ces données dynamiques pourront être obtenues à partir des LDM (*Local Dynamic Map*) des stations C-ITS. Ce peut être un excellent moyen de vérifier que la sûreté de fonctionnement du système est maintenue à son niveau d'origine ayant conduit à la certification des éléments du système.

Il est à noter par ailleurs que les véhicules circulants sans personne capable de reprendre la responsabilité de conduite (niveaux 4 et 5) devront être supervisés à partir d'un site externe afin de remédier à toute défaillance du véhicule ou à toute collision de celui-ci avec un autre véhicule.

5.2. IMPACT DES ÉVOLUTIONS AU NIVEAU DU SYSTÈME OPÉRATIONNEL

Un système opérationnel se trouvant sous la responsabilité d'une autorité routière (État, région, département, ville) devra évoluer au cours de son cycle de vie, qui peut durer des dizaines d'années. Ces évolutions peuvent être de nature différente :

- Des évolutions liées à la correction des bugs découverts au cours de la vie du système (maintenance curative) ;

- Des évolutions liées à l'introduction de nouvelles technologies (maintenance évolutive). Ces évolutions nécessiteront un plan de migration prévoyant une période de recouvrement entre les anciennes technologies utilisées et les nouvelles technologies déployées ;

- Des évolutions liées à l'introduction de nouveaux services clients impliquant de nouvelles applications et leurs cas d'usage (maintenance évolutive).

Ces évolutions ne peuvent pas se faire de façon isolée sans une concertation européenne préalable et une synchronisation relative de leur mise en œuvre car nous avons à prendre en compte les éléments du système qui sont mobiles au minimum au niveau européen (les véhicules). Le problème réside dans la maintenance de l'interopérabilité du système dans son ensemble au minimum au niveau européen, voire au-delà lorsque les véhicules peuvent quitter l'Europe de l'Ouest.

Ce sera un rôle essentiel du niveau gouvernance de l'organisation européenne de validation des produits C-ITS mis sur le marché européen. Non seulement ils devront faire l'objet de procédures de validation, mais toutes les évolutions de ces produits dans le temps devront être gérées et plus ou moins synchronisées par cet organisme de façon à permettre des évolutions cohérentes au niveau européen ne détruisant pas l'interopérabilité des systèmes opérationnels.

5.2.1 Impacts au niveau véhicules

En général, les véhicules terrestres sont de plus en plus dotés de capacité de mise à jour de leurs logiciels via des réseaux de télécommunications sécurisés (ex : des VPN (*Virtual Private Network*) sur Internet). Cela a entraîné le développement d'une fonction particulière au niveau de chaque véhicule, la fonction de « gestion de la configuration ». Cette capacité permet donc la mise à jour des logiciels embarqués d'un véhicule à travers une reconfiguration distante de ceux-ci.

Cependant, une reconfiguration distante ne peut pas, pour des raisons de sécurité, être entreprise pendant qu'un véhicule est en circulation. Une reconfiguration devra donc se faire après l'arrêt du moteur du véhicule (en fait après l'arrêt de son alimentation) et devenir opérationnelle lors du redémarrage du véhicule. Cela implique le développement de fonctionnalités particulières restant alimentées après coupure de l'alimentation du moteur.

Cette fonction de gestion de la configuration logicielle du véhicule peut constituer une vulnérabilité importante en termes de sécurité/sûreté de fonctionnement si celle-ci n'est pas traitée de façon sérieuse. En effet, si un pirate arrive à prendre le contrôle de cette fonction à distance, il pourra alors reconfigurer le véhicule de façon à servir ses propres objectifs.

Progressivement, des dizaines de millions de véhicules en circulation seront coopératifs. Il ne sera donc pas possible de simultanément mettre à jour leurs logiciels consécutivement aux évolutions décidées au niveau européen. Il est donc nécessaire de prévoir une cohabitation de véhicules mis à jour avec les véhicules n'étant pas mis à jour, de telle sorte que leur interopérabilité ne soit pas perturbée. Par contre, ces mises à jour devront se faire assez rapidement afin de ne pas cumuler plusieurs mises à jour pouvant compliquer le maintien de la cohérence de l'ensemble.

Tant qu'une reconfiguration n'aura pas été validée au niveau de chaque véhicule, il sera nécessaire de maintenir disponible l'ancienne configuration de façon à pouvoir y revenir en cas de problème (ex : reconfiguration incomplète liée à une perte de données lors des télécommunications) lors de la reconfiguration.

5.2.2 Impacts au niveau de l'infrastructure routière

L'infrastructure routière peut prendre différentes formes depuis l'unité bord de route statique jusqu'à des unités bord de route mobiles (patrouilleurs, véhicule aérien automatisé), en passant par des unités bord de route déplaçables (ex : sur remorques).

Comme pour les véhicules terrestres, les éléments d'infrastructure routière devront être reconfigurables de façon à être à même de suivre les évolutions requises via des opérations de maintenance préventives, curatives et évolutives. Ces évolutions pourront être réalisées également par téléchargement de nouveaux logiciels et dans certains cas, par l'ajout de nouveaux modules matériels (ou remplacement). Les évolutions matérielles peuvent être compliquées et coûteuses si les unités installées n'ont pas été conçues pour faciliter celles-ci.

Dans un certain nombre de cas, les unités bord de route seront dans des environnements élevés difficilement accessibles. Dans ce cas, il est envisageable de prévoir le remplacement d'un module matériel par un autre avec l'aide de mini-drones ayant les capacités requises.

Comme pour les véhicules terrestres, la fonction de gestion de la configuration d'un élément d'infrastructure routière peut constituer une vulnérabilité via son interface exposée au niveau télécoms. Il sera donc nécessaire de bien définir les mécanismes de sécurité (authentification, voire cryptage) à mettre en œuvre afin de réduire de façon importante les risques de cyberattaques.

Les évolutions à réaliser devront être compatibles et plus ou moins synchronisées avec celles entreprises au niveau des véhicules terrestres. Cela devrait être plus facile dans la mesure où certains de ces éléments d'infrastructure seront opérationnels 24 heures sur 24 et 7 jours sur 7.

5.2.3 Impacts au niveau des systèmes centraux

Les serveurs centraux seront divers et variés en fonction de leurs rôles respectifs dans le système global.

Les serveurs PKI en charge de la gestion de la sécurité du système devront faire évoluer les mécanismes et protocoles de sécurité. La gestion au jour le jour de la sécurité inclura la répudiation des certificats ayant été signalés comme étant à l'origine d'une cyberattaque (CRL : *Certificates Repudiation List*), cette liste étant diffusée à l'ensemble des véhicules et unités d'infrastructures routières se trouvant dans le domaine de responsabilité du serveur PKI. Par ailleurs, le serveur PKI devra également mettre à jour la liste des domaines de confiance (CTL : *Certificates Trusting List*) devant être reconnus par les véhicules et unités de l'infrastructure routière sous sa responsabilité. Cette mise à jour est en particulier indispensable afin de conserver l'interopérabilité des véhicules lors de leurs déplacements à travers les divers États membres de la Communauté européenne.

Les serveurs applicatifs auront la responsabilité de gérer les applications (services) déployées et d'étendre celles-ci en fonction des besoins. Les principaux serveurs applicatifs actuellement déployés sont les serveurs de gestion de trafic ainsi que les serveurs de gestion de la mobilité, mais l'on peut bien sûr imaginer de nombreux autres services offerts aux clients dans le cadre de leur mobilité en fonction du contexte de celle-ci (loisir, voyage, professionnel, etc.).

Dans tous les cas de figure, il sera alors nécessaire de prévoir des reconfigurations dynamiques et distantes des stations ITS abonnées, et ceci de façon particulièrement sécurisée.

Les déploiements des véhicules automatisés de niveaux 4 et 5 nécessiteront le déploiement de serveurs de supervision remplaçant les conducteurs et assurant ainsi la sûreté de fonctionnement de l'ensemble lors de défaillances ou de cyberattaques.

5.2.4 Impacts au niveau des systèmes de gestion de la sécurité routière

La sécurité routière est certainement la raison principale de déploiement des ITS et en particulier des ITS coopératifs (C-ITS). L'objectif de la Commission européenne et des États membres de la Communauté européenne est d'arriver au zéro accident grave en 2050. Par zéro accident grave on entend zéro mort et zéro blessé grave sur les routes européennes. Cela ne peut être réalisé que par des actions d'évitement de collision automatisé. Ces actions d'évitement de collision peuvent n'être déclenchées automatiquement, en fonction des vitesses respectives des véhicules concernés, qu'une à deux secondes avant le point de collision potentiel que si les véhicules impliqués ont une perception totale et réelle de leurs environnements.

Cette contrainte sera constante pour le véhicule à délégation de conduite de niveaux 4 et 5, qui ne pourra compter que sur lui-même et ses coopérations pour éviter les collisions.

L'évaluation de l'impact apporté par une innovation au niveau gestion de la sécurité ne peut a priori se faire que théoriquement, à travers une analyse de l'accidentologie centrée sur les situations de trafic et de topologie de route prises en compte par l'innovation. Par exemple, dans le cadre du projet PAC V2X, si nous considérons les cas d'usage couverts par l'augmentation de la perception apportée par l'infrastructure routière, il faudra ne prendre en considération que les situations traitées par ce projet (ex : fusion de voies, changement de voie, intersection, etc.).

Après déploiement, l'expérience pratique étant acquise, cela permettra de bien mieux évaluer les impacts des innovations sur la sécurité routière.

En ce qui concerne ces évaluations, la présence d'une « boîte noire » (comme dans les avions), collectant un certain nombre de données (trajectoire et variation de trajectoire suivies, vitesse et variation de vitesse, etc.) quelques secondes avant un impact sera particulièrement intéressante afin d'améliorer l'accidentologie. Dans tous les cas de figure, cette boîte noire sera nécessaire afin d'identifier la responsabilité d'un accident pour les assurances, sachant que le conducteur seul ne peut pas être tenu responsable lorsqu'il n'a plus le contrôle de son véhicule (voir la modification des accords de Vienne et de Genève sur le sujet). Par ailleurs, même si le véhicule redonne le contrôle au conducteur quelques centaines de millisecondes avant l'impact, il est peu vraisemblable que ce dernier puisse agir correctement à temps et dans ce cas, il ne peut absolument pas être tenu pour responsable de l'accident. Des règles strictes devront donc être définies afin d'établir de façon honnête les responsabilités respectives du conducteur et du constructeur automobile et il devra être possible de vérifier a posteriori que ces règles ont été respectées.

L'existence d'une boîte noire dans le véhicule va certainement conduire à des levées de boucliers des adeptes inconditionnels du respect de la vie privée (comme c'est le cas actuellement au niveau des systèmes coopératifs). Il sera alors nécessaire de faire la part des choses, sachant que cette boîte noire servira aussi bien les intérêts du client que du constructeur en établissant la vérité, en termes de responsabilité. Le problème que nous rencontrons actuellement au niveau du « respect de la vie privée » est que dès que l'on stocke quelque part de l'information et que l'on diffuse/partage cette information, on se trouve automatiquement confronté à des difficultés liées à la sensibilité de certains. On ferait mieux de prendre en compte le contexte de collecte de ces données (ex : évitement de collision, meilleure connaissance de l'accidentologie, émergence de la vérité en termes de responsabilités) et surtout de l'usage qui est fait des données collectées. Dans notre société où le « big data » devient un dieu incontournable, il paraît illusoire de vouloir empêcher la diffusion et la collecte de données.

Dans l'analyse d'impacts, il nous faut non seulement essayer de démontrer qu'une innovation a un impact significatif sur le nombre d'accidents et leur gravité, mais également que cette innovation ne va pas empirer la situation en créant de nouveaux types accidents. Pour cela, il paraît essentiel d'y associer une étude de sûreté de fonctionnement, théorique au départ, mais s'appuyant de plus en plus sur les événements détectés lors de l'expérimentation ou la mise opérationnelle de l'innovation considérée.

On peut par ailleurs signaler qu'un véhicule de niveau 1 à 3 devra être capable d'anticiper un certain nombre de secondes avant une perte de perception le conduisant à rendre la main au conducteur. Ce ne sera pas évident et il faudra vraisemblablement qu'il puisse s'appuyer au maximum sur une cartographie numérique détaillée et à jour, ainsi que sur les coopérations avec les autres véhicules et l'infrastructure routière.

5.3. IMPACTS ORGANISATIONNELS

Nous avons déjà évoqué précédemment certains impacts du déploiement des ITS sur l'organisation. Nous avons vu que, pour des questions du maintien de l'interopérabilité des systèmes déployés, il fallait maintenant planifier les évolutions de façon concertée entre les principaux acteurs intervenant au niveau de la conception, du déploiement et de l'opération du système.

Si l'on considère des ITS coopératifs à deux niveaux (infrastructure routière et véhicules) les principaux acteurs font partie de l'industrie automobile et de l'industrie des infrastructures de gestion des transports terrestres (équipementiers et opérateurs routiers). Par contre, si l'on ajoute un troisième niveau de coopération constitué de serveurs, il sera alors nécessaire d'impliquer l'industrie des télécommunications.

Les impacts organisationnels concerneront donc tous les aspects du cycle de vie d'un système ITS :

- Au niveau du développement, les objectifs, les exigences du système et son architecture devront être spécifiés en concertation avec les acteurs impliqués dans son développement. Cela se fait de plus en plus à travers des coopérations dans le cadre de projet de recherche, d'expérimentation et de prédéploiement.

- Une phase importante sera, après la rédaction de spécifications communes suffisamment détaillées pour donner naissance à des premiers prototypes, la phase de validation qui devra prendre en compte les différents aspects (conformité aux spécifications et standards, interopérabilité, performance, sûreté de fonctionnement/qualité, robustesse lors des montées en charge) nécessaires à un passage en opérationnel du système.

- Une fois opérationnel, un système ITS devra pouvoir évoluer toujours de façon concertée entre les principaux acteurs de ce dernier.

En Europe, les systèmes ITS devront garantir une continuité de service sur l'ensemble du territoire. Dans ce contexte, la Commission européenne a donc un rôle essentiel à jouer dans la mise en œuvre des organisations venant en support aux différentes phases de développement, de déploiement et d'opérationnalité du système. C'est pour cela qu'elle a proposé, dans le cadre de la plate-forme C-ITS (Coopératifs ITS), la mise en place d'une première organisation (figure 5.3.1) de validation (*compliance assessment*) venant en support au déploiement des ITS coopératifs phase 1.

En parallèle, il sera également mis en place une organisation de gestion de la sécurité des ITS coopératifs (voir figure 2.6.2.1 ci-dessus), la Commission européenne agissant en tant qu'autorité de certificats (CA) racine à laquelle viendront se rattacher l'ensemble des autorités délivrant des certificats au niveau national.

5.4. IMPACTS LÉGAUX

Les conventions de Vienne et de Genève stipulent que le conducteur d'un véhicule terrestre est le seul responsable en cas d'accident. Cette réglementation n'est plus raisonnable à partir du moment où un véhicule peut agir seul au niveau de sa trajectoire et de son profil de vitesse. C'est d'ailleurs déjà le cas lors de l'usage de systèmes ABS ou ESP qui modifient les consignes provenant du conducteur si celles-ci sont jugées dangereuses.

La mise en œuvre des véhicules à délégation de conduite requiert donc des modifications importantes au niveau des conventions de Vienne et Genève en ce qui concerne les responsabilités respectives du conducteur et du constructeur de véhicule terrestre. Ces modifications sont en cours de mise en œuvre et d'application. Il est à noter que la responsabilité du conducteur ne peut être mise en cause après une phase de délégation de conduite que si la main lui a été redonnée dans des conditions acceptables de niveau de vigilance, ce qui implique un délai avant libération de la conduite automatisée. Cette contrainte implique qu'un véhicule en situation de délégation de conduite puisse anticiper un certain nombre de secondes à l'avance qu'il n'aura plus une perception suffisante pour assurer un évitement de collision et donc devra se mettre en situation de sécurité ou passer le contrôle au conducteur humain de façon anticipée. Ce n'est pas à la dernière seconde que le véhicule pourra dire :

« Ah, désolé, je ne vois plus rien, à vous d'éviter la collision imminente que je pressens. »

Par ailleurs, il s'agira de définir ce qu'est « un niveau de vigilance acceptable » et comment on vérifiera celui-ci de façon fiable ?

Dès que la responsabilité liée à un accident pourra être partagée entre le conducteur et le constructeur du véhicule, il deviendra souhaitable de doter le véhicule d'une « boîte noire » afin d'établir les responsabilités de chacun en cas d'accident. Cette boîte noire pourra alors mémoriser les éléments dynamiques du véhicule avant l'accident, mais également qui était le conducteur et enfin si un transfert de la responsabilité de la conduite a eu lieu avant l'accident et dans ce cas, dans quelles conditions de vigilance du conducteur cela s'est produit.

C'est quelque chose qui paraît juste et raisonnable, être à même de communiquer la vérité aux assurances, voire aux autorités compétentes en cas de demande de leur part (accident volontaire ou non, par exemple lié à un acte terroriste).

Cela entraînera certainement des discussions et différences de point de vue avec les associations et organismes traitant du respect de la vie privée. Des compromis seront alors vraisemblablement nécessaires, excepté si la Commission européenne propose une réglementation claire sur le sujet, peut-être après enquête publique.

Les États membres européens ayant souvent des réglementations différentes, il sera vraisemblable d'avoir besoin d'harmoniser celles-ci en fonction des services développés. C'est par exemple le cas du service GLOSA, pour lequel on peut noter des différences entre la France, qui n'autorise pas de communiquer les temps restant avant un changement de phase des feux (ex : passage de l'orange au rouge ou du vert à l'orange), alors que dans certains autres pays voisins cela est autorisé.

Il en va de même des panneaux routiers et PMV qui peuvent être différents au niveau des États membres européens.

5.5. IMPACTS SOCIÉTAUX

Les impacts sociétaux sont de natures différentes. On distinguera quatre catégories d'impacts sociétaux :

Impacts sur la sécurité routière

L'objectif annoncé par la Commission européenne et par les États membres européens est d'arriver en 2050 à zéro accident grave sur les routes européennes, c'est-à-dire zéro mort et zéro blessé grave.

Cela ne pourra être approché qu'après généralisation de l'usage de véhicules automatisés de niveaux 4 et 5, car il ne paraît pas possible d'atteindre ce niveau de sécurité routière au moyen d'une conduite humaine (aujourd'hui, plus de 90 % des accidents sont liés à des erreurs humaines).

En principe, on pourrait aller plus vite que cela, mais le remplacement du parc existant prendra entre dix et vingt ans, excepté si les États membres ou/et la Commission européenne développaient une politique réglementaire et économique accélérant les remplacements de l'ensemble des véhicules en service. Ce type de politique pourrait également faciliter l'évolution vers des modes de propulsion des véhicules plus écologiques et économiques (évolution vers le tout électrique).

Un dispositif d'évitement de collision automatisé, pourrait être mis en service sur des véhicules coopératifs n'étant que partiellement automatisés (niveaux 1 à 3). Une telle approche pourrait alors conduire à des comportements humains défiant le système, ce qui conduirait in fine à une automatisation complète du véhicule.

Il est à noter que le freinage d'urgence devant maintenant se développer rapidement sur tous les véhicules, un déclenchement de ce dernier par l'infrastructure routière permettrait certainement de réduire significativement le nombre d'accidents.

L'adoption volontaire des véhicules automatisés se heurtera vraisemblablement à des refus d'un certain nombre de clients (les plus dangereux) qui voudront conserver les « plaisirs de la conduite humaine agissant sur le taux d'adrénaline ». Ces comportements devront être contrés par des mesures d'incitation adaptées, probablement progressives. Par contre, il peut également être proposé des améliorations (ex : suppression des contrôles radars, augmentation des limites de vitesses, etc.) apportant des bénéfices aux détenteurs de véhicules automatisés (bien sûr, après avoir acquis la certitude d'une grande sûreté de fonctionnement aux vitesses autorisées). Il peut également être proposé des activités de conduite humaine sur des circuits aménagés pour cela.

Tel qu'identifié au niveau du projet PAC V2X, l'infrastructure routière devra se déployer en même temps que les mises en service de véhicules automatisés. C'est une évidence étant donné la complexité des infrastructures routières et de leurs usages par des catégories d'usagers diverses et variées. Il est donc important que les gestionnaires routiers que sont les villes, les départements/régions et les gouvernements développent des plans de déploiement cohérents. Ceux-ci peuvent ne prendre en compte que les endroits critiques en termes de sécurité routière, ce qui devrait limiter les investissements. Par ailleurs, le remplacement de matériel par du numérique (logiciel) devrait même permettre de réaliser des économies tout en améliorant l'environnement (suppression d'un certain nombre de panneaux physiques).

Certains services proposés au niveau du déploiement phase 1 de la Commission européenne peuvent avoir des impacts importants sur la sécurité routière à moindre coût. Un exemple évident, que l'on retrouvera au niveau de la gestion du trafic routier et de la protection de l'environnement, est l'usage d'un système intelligent d'adaptation de vitesse (ISA). Ce système peut être contrôlé par l'infrastructure routière diffusant les limites de vitesse contextuelles pour un certain nombre de segments de route pouvant présenter temporairement des dangers. Un exemple typique sera au niveau des zones se trouvant dans un contexte de fort brouillard ou de forte pluie, de vent fort. Dans ce cas, par exemple, la vitesse peut être réduite à 30 km/heure sur une portion de route limitée, ce qui éviterait les collisions en série, en particulier sur autoroute. Ce type de mise en œuvre au niveau des véhicules automatisés de niveau 1 à 3 peut très rapidement avoir un impact sur l'ensemble du trafic, car dès qu'un pourcentage limité de véhicules (5 à 10 %) sera doté d'un tel système, ces derniers contraindront les autres, non équipés, à suivre ces consignes à travers leur occupation des voies partagées. Dans le cas des véhicules automatisés, les conducteurs humains pourront toujours klaxonner, cela n'aura pas d'impact puisqu'un véhicule automatisé devra respecter, dans tous les cas, le Code de la route.

Impacts sur la gestion du trafic routier

Plusieurs services développés au niveau des véhicules coopératifs et utilisés par les véhicules automatisés vont permettre de faciliter une optimisation de la gestion du trafic routier. Non seulement les opérateurs routiers obtiendront des données en temps réel sur la densité du trafic routier et les catégories d'usagers contribuant à ce trafic, mais ils pourront directement agir sur les véhicules circulant, soit via un usager humain en lui communiquant des consignes adaptées, soit directement sur les véhicules automatisés en coopération avec ces derniers.

L'usage d'un système intelligent d'adaptation de vitesse (ISA) peut à nouveau apporter des bénéfices au niveau de la gestion du trafic routier à travers des recommandations de vitesses diffusées par les unités bord de route lors des périodes de trafic chargé. Si ces nouvelles limites de vitesse liées à un contexte chargé sont automatiquement appliquées par les véhicules automatisés, cela aura rapidement un impact sur les flux de circulation.

Par contre, les systèmes de gestion du trafic routier ayant des données beaucoup plus précises et complètes sur le trafic et les usagers, ceux-ci pourront alors diffuser les recommandations de nouveaux itinéraires (voire d'usage des transports publics) dès le début d'embouteillage. Ces recommandations deviendront indispensables pour les véhicules automatisés, en particulier lors des événements inopinés graves impactant sévèrement le trafic. Cette diffusion d'informations directement aux usagers humains et automatisés devra se faire le plus rapidement possible afin d'éviter les embouteillages. Comme c'est indiqué auparavant dans ce document, ce système pourrait bénéficier de mini-drones coopérants pouvant être dépêchés sur place très rapidement pour baliser les zones d'événements inopinés et renseigner de façon plus détaillée sur la situation rencontrée.

Un trafic fluide aura un impact important sur la réduction des émissions de CO_2 et de particules. L'écoconduite pourra être imposée aux véhicules automatisés ayant des moteurs thermiques. En conséquence, une bonne maîtrise du trafic routier, ayant les capacités de faciliter l'intermodalité des transports dans un certain nombre de situations critiques, aura également un impact important sur l'environnement.

Impacts sur le partage de l'espace public

Le partage de l'espace public prend une grande importance au niveau des villes qui sont saturées par les flots de véhicules. Dans la grande majorité des cas, les villes n'ont pas été conçues pour recevoir et héberger autant de véhicules terrestres.

De plus, les populations demandent de plus en plus d'espaces verts, de zones piétonnes et de voies de circulation pour les systèmes de transport « doux » tels que le vélo.

Le problème ne se pose pas trop au niveau des résidents de la ville, qui peuvent en général bénéficier de moyens de transport publics relativement efficaces. Il se pose plutôt pour les personnes externes à la ville qui viennent y travailler, effectuer des achats ou pour visiter/partager des activités de loisir, des spectacles, etc. En général, ces personnes externes ne bénéficient pas de moyens de transport publics de bout en bout autre que l'automobile. Les moyens de transport interurbains sont mal dimensionnés, ne sont pas fiables, toujours en maintenance ou en évolution, sans compter les périodes de grève. Il manque souvent des places de parking ou lieux de transition permettant de laisser les véhicules aux portes de la ville.

Ces problèmes conduisent souvent à des incertitudes importantes sur les temps de transport et ces temps de transport sont multipliés par deux ou trois lorsque comparés aux temps de transport requis, dans les meilleures circonstances, par l'usage de véhicules privés.

Le partage d'une ville entre divers moyens de transport peut être réalisé dynamiquement au moyen des systèmes coopératifs. Pour cela, des UBR disposées stratégiquement aux points d'entrées de zones contrôlées peuvent diffuser les consignes devant être appliquées par les véhicules en termes de circulation. Ces consignes peuvent varier en termes spatio-temporels, c'est-à-dire les zones contrôlées peuvent être à géométrie variable et les interdictions d'accès fonction des heures dans la journée. Le véhicule automatisé coopératif (VAC) appliquera de façon systématique ces consignes. Pour les autres véhicules, ce sera aux conducteurs d'appliquer les consignes reçues, avec nécessité pour la ville de contrôler la bonne application de ces dernières.

Impacts sur la mobilité

La mobilité des usagers peut être facilitée par la diffusion d'informations en temps réel. En particulier, des informations en temps réel peuvent être diffusées afin de faciliter l'accès aux distributions d'énergie (essence, électricité, hydrogène, etc.), aux stations de vérification de la pression des pneus, pour le parking des véhicules, pour l'accès et les transitions vers les transports publics, pour l'accès aux aires de repos et aux services proposés sur les autoroutes, à la recherche de restaurants et d'hôtels, etc.

Il s'agit donc de diffuser des informations temps réel sur les POI (*Points Of Interest*) utiles à la mobilité des usagers. Ces informations peuvent être :

- La localisation des POI et leurs états (ouvert, fermé, disponibilité, etc.) ;
- La longueur des files d'attente et des temps d'attente pour accéder aux services ;
- Le détail des services proposés (restauration, hôtels, aires de repos, collecte d'énergie, etc.) ;
- Coûts des produits et services proposés ;

- Horaires des moyens de transport public et leurs perturbations ;
- Temps de transit entre divers moyens de transport ;
- Etc.

L'ETSI a commencé le développement de standards relativement à certaines catégories de POI tels que les points de charge des véhicules électriques ou les points d'accès à des stations de gonflage des pneus. Il serait souhaitable d'élargir ces débuts de standardisation des messages à l'ensemble des POI pouvant intéresser les usagers de la route dans le cadre de leur mobilité et tout particulièrement pour les différents types de parkings.

Note : Il est possible que l'usage du SSPP (Système de surveillance de la pression des pneus) devienne obligatoire pour tout nouveau type de véhicule à horizon 2020. Cela entraînera donc la nécessité de stations de gonflage des pneus plus fréquentes de façon à pouvoir agir en cas de signalisation par le SSPP d'un défaut de gonflage. Cette réglementation semble justifiée par l'impact d'un mauvais gonflage des pneus d'une part sur la sécurité routière et d'autre part sur la pollution (consommation d'énergie).

5.6. IMPACTS ÉCONOMIQUES

Les impacts économiques sont des éléments importants liés aux décisions de déploiement.

En effet, quels que soient les acteurs concernés par un déploiement, ceux-ci cherchent à obtenir rapidement un retour sur investissement. Cependant, le retour sur investissement peut ne pas être qu'économique si la société dans son ensemble en tire un bénéfice substantiel (ex : réduction significative du nombre de morts sur les routes).

Il est difficile pour un certain nombre d'acteurs de démontrer une rentabilité des systèmes coopératifs pour plusieurs raisons :

- Pour que les systèmes coopératifs puissent être efficaces et apporter des valeurs clients, que ce soit au niveau de la sécurité routière ou de la gestion du trafic, il faut que ceux-ci soient déployés de façon intensive afin de pouvoir atteindre rapidement des seuils minimums requis. Cela implique un engagement déterminé de l'ensemble des constructeurs automobiles et tout particulièrement des généralistes. Un déploiement volontaire tel que prévu en Europe n'est pas la meilleure stratégie pour cela. Un déploiement réglementaire initialement prévu aux États-Unis semble une bien meilleure stratégie, qui paraît cependant être maintenant remise en cause par l'administration Trump, probablement sous la pression d'autres industries voulant récupérer les bandes de fréquences allouées aux ITS ;

- La sécurité routière ne fait pas recette. Les usagers considèrent que celle-ci leur est due et qu'ils ne doivent pas avoir à payer pour cela. La solution mise en avant par l'industrie automobile est le déploiement d'une infrastructure routière intelligente (UBR) offrant d'autres services en plus de ceux de sécurité routière (ex : gestion du trafic, mobilité). Cela pose alors le problème de la rentabilité de cette infrastructure routière pour les opérateurs routiers privés et publics ;

- Les valeurs sociétales des systèmes coopératifs doivent générer des économies significatives au niveau des États, mais il est difficile de chiffrer ces économies en fonction de la réduction du nombre de morts et de blessés graves sur les routes ou de la suppression de matériels coûteux (ex : boucles de courant, PMV, etc.) ;

- Les systèmes coopératifs sont essentiellement basés sur des communications directes entre véhicules (V2V) et entre véhicules et infrastructure routière (V2I). La diffusion d'informations locales, à relativement haut débit et sans droit de licence (à coût zéro en ce qui concerne les coûts de télécommunication) offre une grande efficacité car elle permet une décentralisation de l'intelligence au niveau des véhicules : tous les véhicules se trouvant dans le réseau local ad hoc reçoivent simultanément l'information et c'est de leur responsabilité de filtrer celle-ci en fonction de sa pertinence vis-à-vis des usagers. Ce système se trouve donc en concurrence directe pour un certain nombre de services supportés par les réseaux cellulaires (4G, 5G) déployés par les opérateurs de télécommunications qui font un lobbying forcené afin de différer ces déploiements. Cela met clairement en avant les intérêts économiques divergents d'un certain nombre d'acteurs potentiels.

Au niveau du véhicule, les apports des systèmes coopératifs doivent être comparés et mis en concurrence avec les autres technologies d'évitement de collision (ADAS) et avec les autres technologies de télécommunication.

Les ADAS ne permettent pas une perception complète de l'environnement d'un véhicule, quelle que soit la topographie du réseau routier (haut de côte, courbe, intersection, etc.) et le trafic venant s'y superposer (occlusion de la perception par un obstacle statique ou mobile). Cela signifie que la connectivité devra compléter les ADAS pour aboutir à un véhicule automatisé coopératif (VAC).

Les réseaux cellulaires possèdent intrinsèquement un certain nombre d'inconvénients en ce qui concerne l'évitement de collision, que ce soit sur le plan économique ou sur le plan des performances techniques :

- Sur le plan économique, ils imposent un coût d'abonnement mensuel qui doit être soit payé par les constructeurs automobiles, soit par leurs clients. Cela va à l'encontre du déploiement d'un service universel de sécurité routière ne devant pas faire de sélection économique, que ce soit au niveau des véhicules (ex : véhicules low cost) ou au niveau des citoyens (les citoyens pauvres doivent pouvoir bénéficier de ces fonctions d'évitement de collision et ne pas avoir à payer une redevance aux opérateurs de télécommunications (non essentiels)) ;

- Au niveau des performances techniques, la garantie d'un temps de latence maximum au niveau des télécommunications, de l'ordre de quelques millisecondes pour la diffusion d'informations de sécurité routière, rend difficile l'usage de réseaux cellulaires. Le cloud est complètement exclu en termes de solution, tandis que des solutions de type diffusion à partir d'un « back-end cellulaire ou Hedge » posent le problème du déploiement au niveau de toutes les cellules européennes et celui de l'itinérance lors du passage d'une cellule à sa voisine ;

• Par ailleurs, l'ajout d'un élément dans la boucle d'échange entre véhicules ou entre véhicules et infrastructure routière impacte la sûreté de fonctionnement (dont la sécurité du système), le respect de la vie privée des usagers et donc la responsabilité des opérateurs de télécommunication qui, pour un modèle économique incertain, ne sont pas forcément prêts à mettre en cause leurs responsabilités en cas d'accident dont ils pourraient être à l'origine.

CONCLUSION

Ce document contient bien sûr un certain nombre de redondances sur des points importants. Cela est volontaire afin de bien attirer l'attention du lecteur sur ces points dont la plupart sont stratégiques.

L'intelligence artificielle se développe partout. Celle-ci est dopée par la miniaturisation des circuits intégrés, ce qui d'une part réduit les coûts, mais permet aussi une utilisation dans des petits objets s'intégrant facilement dans tous les environnements familiers à l'être humain.

Cette intelligence artificielle bénéficie des capacités de traitement, de stockage et de télécommunication gigantesques apportées par les progrès continus de la technologie. Les systèmes de transport intelligents coopératifs ou non bénéficieront donc de l'IA, qui par ailleurs ne cessera de progresser grâce à l'intelligence humaine apportée par des équipes de mieux en mieux structurées pour coopérer et bénéficiant des nouvelles connaissances acquises lors des applications de l'IA.

Malgré la fin annoncée de la loi de Moore, l'IA continuera à se développer grâce en particulier aux ordinateurs quantiques qui commencent à voir le jour un peu partout dans le monde et confirment leurs capacités gigantesques de traitement de l'information. Elle bénéficiera également du traitement massivement parallèle apporté par exemple par les réseaux de neurones artificiels. La téléportation quantique d'informations jouera un rôle important au niveau de la cybersécurité et des besoins nouveaux de télécommunication, en particulier en réduisant l'usage des radiocommunications et en s'affranchissant des temps de latence. Mais cela prendra du temps afin de bien maîtriser ce qu'est l'intrication quantique, ainsi que les problèmes de décohérence associés.

Le déploiement des systèmes coopératifs basés sur la technologie appelée « G5 » en Europe ou « DSRC/WAVE » aux États-Unis semble une étape incontournable dans la mesure où trop d'efforts et d'argent ont été dépensés, que ce soit par l'industrie automobile ou par les États/la Commission européenne, pour que ce déploiement soit abandonné ou différé. Cette technologie est commune en Europe, aux États-Unis et dans d'autres régions du monde et est basée sur la norme IEEE 802.11p.

Le développement de réseaux locaux ad hoc autour de la technologie LTE (C-V2X) devra passer un certain nombre d'étapes du processus d'innovation, lesquelles seront nécessaires à la justification de leurs déploiements, que ce soit au niveau technique (valeur ajoutée par rapport au G5) ou économique. Mais la technologie LTE V2X s'imposera vraisemblablement si la Chine en fait son cheval de bataille. Dans ce cas, il sera nécessaire de prévoir un plan de migration du G5 vers le LTE V2X (probablement pas avant 2025 – 2030). Il est à noter que les standards LTE européens semblent différents des standards chinois (LTE TDD). Il sera donc nécessaire de développer des composants communs, supportant les diverses technologies LTE, y compris le C-V2X, si l'on veut en tirer un avantage économique.

Dans tous les cas de figure, les réseaux locaux ad hoc seront nécessaires au déploiement des systèmes d'évitement de collision, que ce soit en termes techniques (temps de latence du système et sûreté de fonctionnement) ou en termes économiques.

La standardisation, en particulier au niveau messagerie, continuera à être une exigence d'ouverture des systèmes de transport. Cet écosystème est constitué de nombreux produits provenant d'une grande diversité de sources, ce qui impose une standardisation de leurs interactions afin d'assurer l'interopérabilité de l'ensemble.

Les véhicules automatisés se déploieront progressivement et devront bénéficier d'un support des infrastructures routières pour atteindre une autonomie complète de niveaux 4 et 5. Le marquage horizontal routier sera indispensable tant que l'on n'aura pas une cartographie numérique très précise (précision meilleure que 10 cm) et un système de positionnement des véhicules ayant un niveau de précision comparable.

Tant que le véhicule ne sera pas complètement automatisé, le conducteur conservera une responsabilité significative pour la reprise du contrôle du véhicule dans des situations ne permettant pas de maintenir le véhicule autonome. Cela signifie que le conducteur devra conserver un état de vigilance suffisant lui interdisant certaines activités. Par ailleurs, un véhicule automatisé devra être à même de vérifier en continu ses capacités de perception en vue d'anticiper une insuffisance au niveau de celles-ci, le contraignant à rendre le contrôle du véhicule au conducteur en toute sécurité. Cette transition critique devra être bien prise en considération lors de l'évolution de la réglementation (accords de Vienne et de Genève) concernant la responsabilité du conducteur.

Dans ce document, j'ai volontairement préféré le terme « véhicule automatisé » au terme « véhicule autonome », car dans un certain nombre de situations, le véhicule ne pourra pas être autonome s'il n'est pas supporté par une infrastructure routière intelligente. C'est donc l'infrastructure routière qui, dans ces situations particulières, permettra l'autonomie du véhicule automatisé.

Les véhicules automatisés terrestres ne sont pas les seuls à prendre en considération, car les véhicules aériens sans pilote seront de plus en plus nombreux. Les mini-drones et drones peuvent d'ailleurs être considérés comme les prémices du déploiement de véhicules de transport de personnes et de marchandises volants, remplaçant progressivement les véhicules terrestres. Ces véhicules volants auront plus de liberté d'action dans la mesure où ils seront moins contraints en termes de trajectoires, évoluant dans un espace à trois dimensions et ayant peu d'obstacles sur leurs chemins. Ils seront par ailleurs beaucoup plus contraints en termes de sûreté de fonctionnement et de consommation d'énergie (donc de poids). Ne rencontrant que peu d'obstacles, les capteurs autonomes pourront alors être réduits et les coopérations V2X privilégiées, réduisant ainsi les coûts et le poids du matériel embarqué.

Les perspectives de déploiement des véhicules volants semblent positionner ceux-ci en parallèle avec les déploiements des véhicules automatisés terrestres (voir par exemple l'annonce de la coopération NASA — Uber concernant les taxis volants ou les prototypes présentés par Airbus). Cependant, le prix d'un véhicule volant limitera pendant un certain temps son déploiement aux classes les plus aisées. Ce déploiement peut également être très limité par les barrières de la réglementation, en particulier en ce qui concerne la définition des couloirs de vol réservés aux véhicules volants, mais également pour les règles liées à la sûreté de fonctionnement associées aux procédures de certification (vérification de la bonne application de ces règles) associées.

Bien sûr, si les véhicules aériens automatisés remplacent les véhicules terrestres, cela bouleversera notre vision de l'infrastructure routière qui risque progressivement de devenir inutile pour des véhicules à moteurs. L'espace ainsi libéré pourra alors donner naissance à bien d'autres usages plus écologiques.

ACRONYMES

ABS : *Antiblockiersystem* ou système antiblocage des freins

ACC : *Active Cruise Control*

ADAS : *Advanced Driver Assistance System*

AMDEC : Analyse des Modes de défaillance, de leurs Effets et Criticités

API : *Application Programming Interface*

ARMV : Analyse de Risques en termes de Menaces et de Vulnérabilités

ASECAP : Association Européenne des Concessionnaires d'Autoroutes et d'ouvrages à Péage

ASN.1 U PER : *Abstract Syntaxe Notation 1, Unaligned Packed Encoding Rules*

BSM : *Basic Safety Message*

BTP : *Basic Transport Protocol*

CAM : *Cooperative Awareness Message*

CAN : *Car Area Network*

CAMP : *Crash Avoidance Metrics Partnership*

CDD : *Common Data Dictionary*

CEDR : Conférence Européenne des Directeurs de Routes

CEN :Comité Européen de Normalisation

CEREMA : Centre d'Études et d'Expertise sur les Risques, l'Environnement, la Mobilité et l'Aménagement.

C-ITS : *Cooperative ITS*.

CPM : *Collective Perception Message*

CRL : *Certificates Repudiation List*

CS : *Contextual Speed*

C2C-CC : *Car to Car Communication Consortium*

CSTN : *Circuit Switched Telecommunication Network*

CTL : *Certificates Thrusting List*

DCC : *Distributed Congestion Control*

DENM : *Decentralized Environmental Notification Message*

DIRA : Direction des Routes de l'Atlantique

DIRIF : Direction des Routes de l'Île-de-France,

DIRO : Direction des Routes de l'Ouest

DIT : Direction des Infrastructure de Transport du MEDDE

DOT : *Department Of Transportation* aux États-Unis

IFSTTAR : Institut Français des Sciences et Technologies des Transports, de l'Aménagement et des Réseaux

DSRC : *Dedicated Short Range Communication*

ECU : *Electronic Control Unit*

EGNOS : *European Geostationary Navigation Overlay Service*

ESP : *Electronic Stability Program*

ETSI : *European Telecommunication Standards Institute*

FOT : *Field Operational Tests*

GEONET : *Geonetworking protocol*

GLOSA : *Green Light Optimal Speed Advisory*

HSM : *Hardware Security Module*

IA : Intelligence Artificielle

ICRW : *Intersection Collision Risk Warning*

IEEE : *Institute of Electrical Electronics Engineers*

IPv6 : Internet protocol version 6

ISA : *Intelligent Speed Adaptation*

IVI : *In-Vehicle-Information*

ISO : *International Standardization Organization*

GNSS : *Global Navigation Satellite System*

GPS : *Global Positioning System*

ITS : *Intelligent Transport System*

ITS-S : *ITS Station*

LCRW : *Longitudinal Collision Risk Warning*

LDM : *Local Dynamic Map*

LTC : *Long Term Certificate*

LTCA : *Long Term Certificate Authority*

LTE-TDD : *Long Term Evolution* (4G) – *Time Division Duplex*

LTE – V : *LTE Vehicle*

MCM : Manœuvre Coordination Message

MEDDE : Ministère de l'Écologie, du Développement durable et de l'Énergie

MOU : *Memorandum Of Understanding*

MSD : *eCall Minimum Set of Data*

NCAP : *New Car Assessment Program*

NHTSA : *National Highway Traffic Safety Administration*

PAC V2X : Perception Augmentée par Coopération V2X (Projet français)

PC : *Pseudonym Certificate*

PCA : *Pseudonym Certificate Authority*

PKI : *Public Key Infrastructure*

PMV : Panneau à Message Variable

POLIS : Réseau européen des villes

PPP : Partenariat Public – Privé

PSTN : *Packet Switched Telecommunication Network*

QKI : *Quantum Key Distribution*

QSC : *Quantum-Safe Cryptography*

RHS : *Road Hazard Signalling*

RSE : *Road Side Equipment*

RSU : *Road Side Unit*

SAE : *Society of Automobile Engineers*

SAGM : Système d'Aide à la Gestion de la Mobilité

SAGT : Système d'Aide à la Gestion de Trafic

SAM : Service Advertisement Message

SCOOP@F : Système Coopératif Routier Pilote Expérimental en France

SCORE@F : Système Coopératif Routier Expérimental en France

SDF : Sûreté de Fonctionnement.

SPAT & MAP : *Signal Phase And Timing and associated map*

SSPP : Système de Surveillance de la Pression des Pneus

STI : Système de Transport Intelligent

TIC : Technologies de l'Information et de la Communication

UBR : Unité Bord de Route

UEVG : Unité Embarquée Véhicule Gestionnaire

UEVU : Unité Embarquée Véhicule Usager

URCA : Université de Reims-Champagne-Ardenne

VAC : Véhicule Automatisé Coopératif

TVRA : *Threat, Vulnerability Risk Analysis*

WAAS : *Wide Area Augmentation System*

WAVE : *Wireless Access to Vehicular Environment*

VMS : *Variable Message Sign*

VPN : *Virtual Private Network*

BIBLIOGRAPHIE ET DOCUMENTATION DE RÉFÉRENCE

Réf 1 : Aide-mémoire de l'accidentalité en France en 2014. Observatoire National Interministériel de la Sécurité routière.

Réf 2 : Site www.planetoscope.com

Réf 3 : Memorandum of Understanding for OEMs within the CAR 2 CAR Communication Consortium on Deployment Strategy for Cooperative ITS in Europe. Final release, 27 June 2011.

Réf 4 : Mandat M/453 de la Commission européenne.

Réf 5 : ETSI TS 101 539 – 1 v1.1.1 - Intelligent Transport Systems (ITS) ; V2X Applications ; Part 1 : Road Hazard Signalling (RHS) application requirements specification.

Réf 6 : ETSI TS 101 539 – 3 v1.1.1 - Intelligent Transport Systems (ITS) ; V2X Applications ; Part 3 : Longitudinal Collision Risk Warning application requirements specification.

Réf 7 : ETSI TS 101 539 – 2 – Intelligent Transport Systems (ITS) ; V2X Applications ; Part 2 : Intersection Collision Risk Warning application requirements specification.

Réf 8 : Recommendation ITU-T X.691/ISO/IEC 8825-2 (1997-12) : Information technology – ASN.1 encoding rules : Specification of packed Encoding Rules (PER).

Réf 9 : ETSI EN 302 637-2 V1.3.2 (2014 – 11) – Intelligent Transport Systems (ITS) ; Vehicular Communications ; Basic Set of Applications ; Part 2 : Specification of Cooperative Awareness Basic Service.

Réf 10 : ETSI EN 302 637-3 V1.2.2 (2014 – 11) – Intelligent Transport Systems (ITS) ; Vehicular Communications ; Basic Set of Applications ; Part 3 : Specification of Decentralized Environmental Notification Basic Service.

Réf 11 : ETIS TS 102 894-2 V1.1.1 (2013 – 08) – Intelligent Transport Systems (ITS) ; Users and applications requirements ; Part 2 : Applications and facilities layer common data dictionary.

Réf 12 : ISO TS 17426 – Intelligent Transport Systems (ITS) – Cooperative systems – Contextual speed.

Réf 13 : ISO TS 17425 – Intelligent Transport Systems (ITS) – Cooperative ITS – Data exchange specification for in-vehicle presentation of external road and traffic related data.

Réf 14 : ISO TS 19091 – Intelligent Transport Systems (ITS) – Cooperative ITS – Using V2I and I2V Communications for Applications Related to Signalized Intersections : Part 1 (generic specification)

Réf 15 : ISO TS 19091 – Intelligent Transport Systems (ITS) – Cooperative ITS – Using V2I and I2V Communications for Applications Related to Signalized Intersections : Part 2.x (regional specifications)

Réf 16 : SAE J 2735 – Dedicated Short Range Communications (DSRC) – Message Set Dictionary.

Réf 17 : EN 16102 : 2011 – Intelligent transport systems, eCall, Operating requirements for third party support.

Réf 18 : EN 15722 : 2015 – Intelligent transport systems – Esafety – Ecall minimum set of data.

Réf 19 : EN 16072 : 2015 – Intelligent transport systems – Esafety – Paneuropean eCall operating requirements.

Réf 20 : EN 16062 : 2015 – Intelligent transport systems – Esafety – eCall high level application requirements (HLAP) using GSM/UMTS circuit switched networks.

Réf 21 : EN 16454 – Intelligent transport systems – Esafety – Ecall end to end conformance testing.

N° d'éditeur : 4262 Dépôt légal : Novembre 2018